JN239601

死を前にした
人に向き合う
心を育てる本

小澤竹俊・相田里香 ［著］

中央法規

はじめに

■人口減少時代を迎える社会とは

これから私たちが迎える未来は、どのような社会なのでしょうか？　明るい未来であれば良いのですが、実際にはかなり厳しい現実が見えてきます。

●高齢世代人口の比率

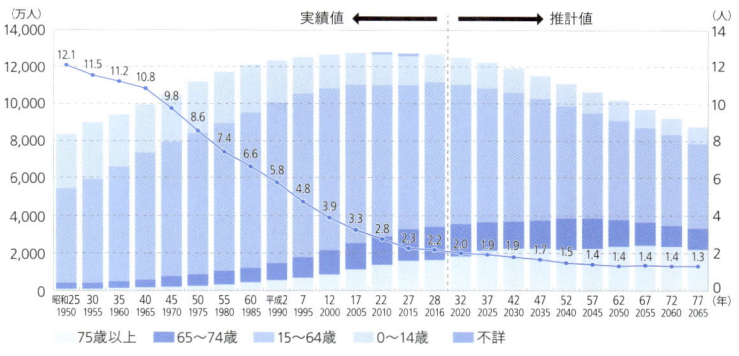

資料：2015年までは総務省「国勢調査」、2016年は総務省「人口推計」（平成28年10月1日確定値）、2020年以降は国立社会保障・人口問題研究所「将来推計人口（平成24年1月推計）」の出生中位・死亡中位仮定による推計結果
（注）2016年以降の年齢階級別人口は、総務省統計局「平成27年国勢調査　年齢・国籍不詳をあん分した人口（参考表）」による。年齢不詳をあん分した人口に基づいて算出されていることから、年齢不詳は存在しない。

1つのグラフを紹介します。これは、日本の人口の推移を表しています。1950年頃の日本の人口は8000万人を超える程度でした。その人口が徐々に増えていき1億2千万人を超えました。ところが2008年をピークに徐々に人口が減少していきます。そして2060年には再び8千万人を超える程度に戻ります。これは決して元に戻るのではありません。問題は、高齢者の割合です。1950年の時点では、65歳未満の人と65歳以上の高齢者との割合は12.1:1でした。ところが2060年にはその割合は1.3:1になります。つまり65歳未満の1.3人で65歳以上

の1人の生活を支えることになります。もともと若い人たちが多かった時代に作られた社会保障制度では、これからの人口構造の変化に追いつかず、かなりのひずみを生じることになるでしょう。

　具体的には、地域で医療・介護を担う人材が大幅に不足していきます。また、社会保障費の高騰などにより、急性期の病院はベッド数が減っていくことでしょうし、たとえ入院したとしても在院日数が短くなるため、すぐに退院をしなくてはいけない時代が来ることでしょう。

　この問題をイメージしやすくするために、タイタニック号が氷山にぶつかり、海に沈没しかけているイラストを紹介します。

　海中には溺れかけている人や助けを求めている

人がたくさんいます。しかし、その人たちを助けるボートが足りません。船が沈むことは想定していなかったため、実際には乗客の人数よりもボートに乗れる人数のほうが少なかったのです。そのため、大惨事となり、多くの犠牲者が出ました。

　今の社会保障制度は、若い人たちが多くいた時代に作られた制度です。ですから、人口減少時代を迎え、若い人たちが少なく、高齢者が増えていく時代では、対応が困難になることは明白です。地域で助けを求めている人が多くいるのに、圧倒的に援助にあたる人材が不足していきます。これはなんとかしないといけません。

■目に見える苦しみと目に見えにくい苦しみ

　もう1つこの問題を複雑にしていることがあります。それを理解

するためにもう1つイラストを紹介します。これは首都圏で大雪が降った朝の様子です。

　不思議なことに行政がお願いをしたわけでもないのに、みんな朝早く起きて、一緒になって道路の雪かきをはじめます。普段は町内会の行事に参加しないお父さんも、この日だけは特別です。スコップを持って、家の前に積もった雪をなれない手つきで雪かきします。

　なぜ自主的にみんなで雪かきをするのでしょうか？

　それは、苦しみが見えるからです。大雪で道が埋もれていれば、車の往来も、子どもたちの通学も危険になります。接触事故や転倒の危険性もあります。つまり、大雪は、みんなにとって共通の見える苦しみだから、みんな利害を超えて取り組もうとします。

　同じようなことは、自然災害にも当てはまります。大雨や地震などで被害を受けた地域があれば、ボランティアとして救助に駆けつけたり、募金活動を通して力になりたいと考える人は決して少なくありません。苦しみが見えれば、みんなで応援したいと思います。

　ところが、人口減少時代にあって、地域の苦しみは大雪と異なり

見えにくい苦しみです。85歳になるお母さんの介護をしながら、フルタイムで働いている50代の娘さんがいます。この1年でめっきり病弱になり病院通いが増えたため、仕事と介護の両立が難しいと悩み、仕事を辞めてしまおうかと悩む娘さんの苦しみは、地域の他の人は知りません。認知症になったご主人の対応で悩む奥さんの苦しみを、地域の他の人は知りません。これらは、大雪とは異なり、目に見えにくいのです。

　さらに言えば、目に見えにくいだけではありません。もし、目に見えたとしてもかかわり方が難しい問題です。

　人生の最終段階における苦しみも同様です。今までできていたことが1つひとつできなくなっていきます。本当は家族に迷惑をかけたくないと思っていたのに、実際には、1人でトイレに行くことができなくなります。「自分の人生はいったい何だったのだろうか？」「みんなに迷惑をかけるぐらいならば、早くお迎えが来てほしい」。このような苦しみから発した言葉を前に、たとえ苦しみが見えたとしても、どのようにかかわって良いかがわからなくなり、足が遠のいてしまう人、もっと何かできたのではないかと、後悔する人、かかわりたいと思いながら、かかわることができず、看取りに苦手意識を持つ人がいます。

　では、どうしたら良いのでしょう。このまま地域で苦しむ人が捨て置かれるのを見過ごしていても良いでしょうか？

■人生の最終段階に対応できる人材育成の必要性

　私は、1994年からホスピス・緩和ケアを専門に診療にあたってきました。2006年には在宅緩和ケアを専門とする「めぐみ在宅クリニック」を開設し、自宅や介護施設での看取り支援を行ってきました。その診療を通して、今まで看取りに苦手意識を持っていた医療者や介

護者が、看取りにかかわる自信を得るための研修を企画してきました。そして、2015年に有志と共に一般社団法人エンドオブライフ・ケア協会を設立し、全国の主要都市でエンドオブライフ・ケア援助者養成基礎講座（2日間研修）を開催してきました。この研修の特徴は、援助をわかりやすい言葉にすることです。もし目の前に、人生の最終段階を迎えた人とその家族がいて苦しんでいたならば、「私にできることがある」と言葉にできることを学びます。講座は口コミなどで広がり、2015年7月から2019年11月までに延べ88回開催し、受講生は6000人を超えました。そして、学んだ内容をそれぞれの地域で伝えることができるファシリテーターも230名以上育成してきました。

　大切なことは、仲間を増やすことです。厳しい時代が来ることは避けられません。だからこそ、それぞれの地域で、人生の最終段階に対応できる人材が必要になってきます。そのためには、学習内容がわかりやすいこと、まねしやすいこと、魅力的であることが大切になります。

　今回、ケアマネジャー向けに、エンドオブライフ・ケア援助者養成基礎講座で培った対人援助のエッセンスを本にする機会をいただきまして、経験豊富なケアマネジャーであり、ELC東京の事務局でもある相田里香さんと一緒に分担執筆しました。本書が皆さんにとって、それぞれの地域で苦しむ人への援助の一助になることを期待しています。

2019（令和元）年11月吉日

小澤竹俊

INDEX

はじめに ……………………………………………………………… 3

序章　看取りにかかわるケアマネジャーの苦悩 …………………… 11

第1章　改めてケアマネジャーの仕事を考える …… 21

1　ケアマネジャーの仕事ってなんだろう？ ………………… 22
2　ケアマネジャーの援助の本質 ………………………………… 28
3　利用者さんの喜び、笑顔が仕事の糧 ………………………… 52
4　ケアマネジャーの苦しみと役割 ……………………………… 60

第2章　ケアマネジャーとして考えたい …………… 71
　　　　対人援助の基本
　　　　苦しむ人への援助と5つの課題

1　援助的コミュニケーション …………………………………… 72
2　相手の苦しみをキャッチする ………………………………… 96
3　相手の支えをキャッチする ………………………………… 102
4　相手の支えを強める ………………………………………… 116
5　自らの支えを知る …………………………………………… 122

第3章　ケアマネジャーだからこそできる支援 …… 131

1　フィフティ・フィフティの立ち位置 ………………………… 132
2　多職種連携の要としてチーム支援を整える ……………… 136
3　利用者・家族とのかかわり ………………………………… 146
4　支援者支援の視点 …………………………………………… 150

5 ディグニティセラピー ··· 157

6 利用者主体のQOL評価 ··· 166

7 まとめにかえて ·· 173

第4章　Q&A こんな時、どうする？ ················· 183

1 看取りについて ··· 184

2 エンドオブライフ・ケアについて ······························ 192

3 ディグニティセラピーについて ································· 196

4 援助的コミュニケーションについて ·························· 200

第5章　人生の最終段階を支えるあなたへ ········ 207

1 意思決定支援／アドバンス・ケア・プランニングが求められる時代 ··· 208

2 地域で苦しむ人と誠実にかかわれる担い手が増えるために ········· 212

3 「折れない心」を育てて、困難と向き合い続けること ·············· 216

おわりに ··· 219

執筆者紹介

序章

看取りにかかわる
ケアマネジャーの苦悩

死を前にした人に相対する時、
私たちにはいったい何ができるでしょうか。
その問に答える以前の問題として、
ケアマネジャーが直面する課題について、
端的に迫ってみたいと思います。

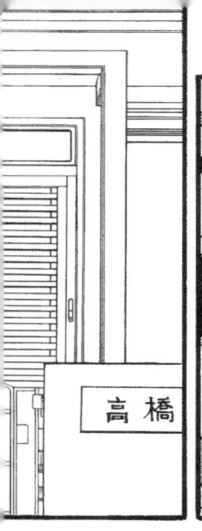

高橋

母の件ではお世話になりました！

介護も看取りも初めてで……でも

鈴木さんのお陰で助かりました！

こんなときどうしたら？

鈴木さんに電話しよう！！

お母さんを助けてくれて本当にありがとうございました！

私たち何もわからなくて……

それがケアマネの仕事ですから！

でもそう言ってもらえてとっても嬉しいです！

私も……

鈴木さんのように人の役に立てる仕事に就きたい！

数年後……

田中

ピンポーン

じーん…

もちろんです！

こちらこそ
ありがとうございます！

この日はとても
元気そうだった
田中さんでしたが

ある日　突然倒れて
病院へ搬送されたと
連絡がありました

談話室

使用中

お母様の検査の
結果ですが……

膵臓に腫瘍が
できていてステージⅣ……
いわゆる末期がんです

転移もしていて
年齢からいっても
体力的にも手術は
無理ですね

田中さんが
末期がん！？

512

田中ミツ様

悪いわねえ
ふたりとも

高橋さんまで

いいえーー

先生は
なんだって？

ただの
腸炎だって

でも年が年だから
検査をしっかり
やりましょうって
言われた

早く帰らなきゃ
野菜が枯れちゃうのに……

大丈夫ですよ
お義母さん

私がキチンと
お水をあげて
おきますので

そう？
じゃあ
頼むわね

高橋さんも
帰ったらまた
いろいろお願いね

はい！

高橋さん……これから
どうしたらいいのでしょう

いろいろ相談に
乗ってくださいね

もちろんです！

退院前には
カンファレンスも
ありますし

これからのことは医師や
看護師さんの協力も得ながら

皆で相談しつつ
進めていきましょう！

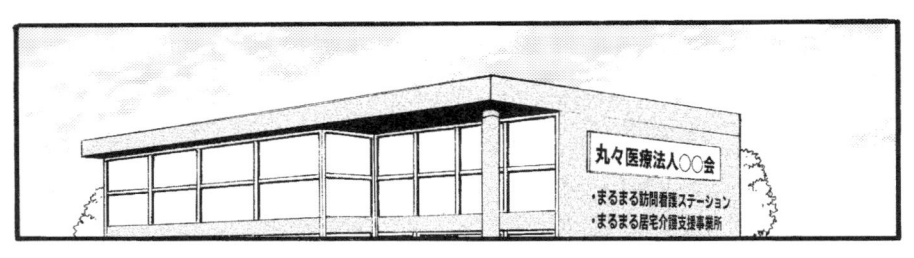

びリリ…

2019

そういえば田中さん
退院はまだなのかな……

プルル…

着信中
市立したまち
総合病院

プルル…

あっ噂を
すれば！

はいっ高橋です！

したまち総合病院
MSWの山田です

ご家族からご連絡が
いっているかと思いますが

来週の火曜日15時に退院前の
カンファレンスをしたいと
思ってます。

ケアマネさんは
来られますか？

連絡？

そんな電話とか
来てない！

わ……わかりました
調整します！

あと……ご家族が
訪問看護を希望されて
いましたので

B訪問看護ステーションを
ご紹介しました

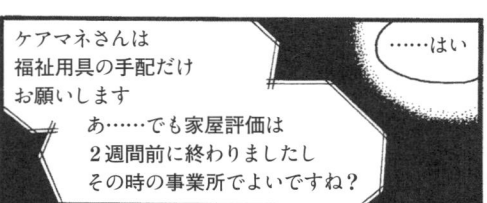
ケアマネさんは
福祉用具の手配だけ
お願いします

あ……でも家屋評価は
2週間前に終わりましたし
その時の事業所でよいですね？

……はい

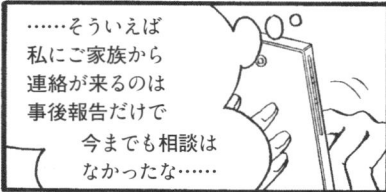
……そういえば
私にご家族から
連絡が来るのは
事後報告だけで

今までも相談は
なかったな……

それから気になって度々訪室しましたが
田中さんはいつも眠っていて

笑顔を見る機会は
全然ありませんでした

リカ先輩の
ケース報告
すごい……！

それにひきかえ
私は何もできてない

田中さんのために
私は何が
できるんだろう……？

退院前カンファレンスの当日
田中さんの家の前を
通りかかると……

こんにちは！
いよいよ退院
ですね！

あっ
ケアマネさん

連絡するのを
忘れていましたが

義母は一昨日
亡くなりまして……

えっ!?

一昨日って……

じゃあ……せめて
最期のご挨拶
だけでも!

すみません　もう
葬儀場へ行って
しまって

葬儀は故人の遺言で
親族だけで
済ませますので……

そう……ですか

ありがとう

いつまでも
そばにいてね

田中さん……

とぼ とぼ…

家族も病院も
なんで連絡を
くれなかったんだろ……

信頼関係ができて
いなかったのかな？

こんな気持ちのままじゃ
ケアマネの仕事を
続けられない！

とりあえず連絡は
しないとね……

もしもし？
リカ先輩ですか？

私……もうこの仕事を
続けるのは無理です

事業所

は！？

ちょ……ちょっと待って
何があったの！？

実は……

……なるほど

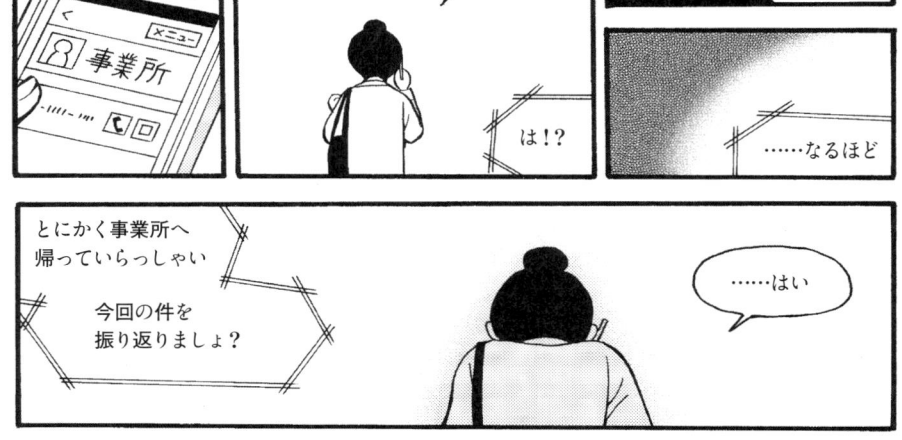

とにかく事業所へ
帰っていらっしゃい

今回の件を
振り返りましょ？

……はい

第1章

改めてケアマネジャーの仕事を考える

序章を読んで「これは私だ」と思われた方も
少なくないのではないでしょうか。
自分の無力さに、何もできないという思いに打ちのめされる経験……。
看取りを前にした時、私たちは本当に何もできないのでしょうか？
第1章では、まず私たちの仕事と私たち自身について振り返って、
考えてみたいと思います。

1 ケアマネジャーの仕事ってなんだろう？

1　はじめに

　ケアマネジャーの仕事ってなんだろうと改めて考えてみた時、インテークに始まるケアマネジメントプロセスや給付管理、サービス調整、利用者さんや家族の課題の解決、自立支援に資するケアプランの作成等々、浮かんでくる業務はたくさんありますが、本質的に捉えれば、私たちの仕事は、「聴く」ことに始まり「聴く」ことに終わるのではないかと思います。本人の声を、家族の声を、多職種の声を……さまざまな過程で私たちは「聴いている」わけですが、ここでは、その過程の1つである、「モニタリング」を通して考えてみたいと思います。

2　互いに理解し合うこと

　私たちケアマネジャーはその仕事を通してさまざまな人の思いや生活に触れ、時に共に同じ時を重ね、大切な人生の一場面を一緒に歩ませていただく仕事です。医療・介護の現場では、たくさんの職種が存在しますが、私たちのように初めから本人や家族の思いや歴史がいっぱい詰ったご自宅に招き入れていただき、過去から現在、そしてこれからの未来に向けて話を聴かせていただける職種は他にはありません。一見すると、いつも一人で相手の懐に飛び込んで行くアウェー感満点な仕事にも見え

ますが、そこには、その人の暮らしが広がっているのです。ご自宅にはその家の主である本人・家族の素顔を垣間見るチャンスがそこかしこに広がっています。何気ない会話にもしっかりと耳を傾けることで、聴こえてくる声や情報の深まりがあります。「聴く」とは心を真っ白にして五感を研ぎ澄ませることで初めて行える難しい技術です。

モニタリングの機会とは互いを理解するためのより良い関係作りには不可欠な時間といえます。だからこそ私たちは「今日のモニタリングでどんな情報を聞き出すのか?」ではなく、「今日私は、少しでも利用者にとって自分をわかってくれる人、理解してくれる人になれるだろうか?」ということを意識し、自身の言動を整え、私たちこそが聴くための準備をする……、その姿勢が何より大切なのではないでしょうか。

3　本人の複雑な思いを大切にする

あまり話したくない、できれば気づかれたくないと憂いながらも、誰かに聞いてもらいたいという相反する思い、わかりますよね、複雑なその気持ち。モニタリングで私たちがまず注意したいのは、本人や家族が、あまり触れてほしくないことや、大きな声では話したくないことを私たちにさらけ出し、教えてくださるのだということ、そして、そこには私たちに向けた遠慮や気遣いがあふれているのだということをきちんとわきまえておかなくてはなりません。

思い浮かべてみてください。あなたが、本当に困っていて、大きな苦しみがあるとしたらどんな人に、どんな時を選んで相談をしますか?　家族?　友人?　それとも仲間でしょうか?　そしてその苦しみを言葉に変えて伝えることを想像してみてください。そこにはたくさんの勇気と大きなパワーが必要ではないでしょうか?　そんな勇気とパワーを振り絞って私たちに話してくださる利用者さんの思いを大切にしてほしいと思います。

4 聴く力

　本人・家族、生活の場が発するサインに気づけるかどうか、そして、そのサインをどう読み取り、どのような言葉に変えて、どう伝え返していくのか？　その初めの一歩である一言目のやり取りでその日のモニタリングの流れは実に多様に変化していくことでしょう。そして、それはもちろん、その先の流れをも変えていくことにつながります。

　しっかりと聴くことだけで本人も家族も元気になる、そんな瞬間を感じたことはありませんか？　私たちの聴く力は本人・家族の現在と未来を左右するとても大きな力だといえるでしょう。モニタリングを通して、聴く力を育てていくことが、私たちに求められることの1つだと思います。

　以下の事例は、モニタリングの機能、大切な役割を教えてくれます。

THE CASE OF CARE MANAGEMENT
事例

　Aさんは、80歳を前に妻を亡くした後、生まれ育った地域にできた公営住宅で20年以上独り暮らしを続けてきた102歳になる男性です。この春、公営住宅の契約期限が切れ、別の公営住宅への引っ越しを余儀なくされてしまいました。抽選によってAさんに割り振られた公営住宅はこれまでの住まいからは遠く離れた、都心に近い地域の高層階でした。そこは車の往来が激しく、近くに商店もありません。支援者・家族は皆、102歳でこの新しい環境に馴染むのは困難だろうと大混乱でした。当然、支援体制も一新せざるをえず、本人の混乱が激しくなる様子をみながら、どうしたものかと日々頭を悩ませ、Aさんが今までの生活圏域内で暮らしていけるような方策について話し合いを続けていました。

　そんなある日、モニタリングに伺うとAさんがいません。散歩

にでも行かれたのだろうと、事業所に戻ると、同日訪問予定であった看護師から連絡が入り、今日は朝早くから「新居を見に行く」と言って出掛けてしまったとのこと。管理人に問い合わせると出掛けてから4時間以上もたっているが目的地には辿りつけていないことがわかりました。家族と連絡を取り合い、やきもきしているとAさんがようやく疲れ果てて帰ってきたとの連絡が入りました。急いでモニタリングに伺うと、Aさんが楽しそうに今日の出来事を話されました。その嬉しそうな表情と特別な時にしか袖を通さないスーツ姿、かばんの中にある資料の数々に、私たちが思い違いをしていたことに気づかされました。Aさんは知らない地域に転居することへの不安で混乱をされていたのではなく、Aさんを心配するあまり、勝手に困難と決めつけて、この地域での暮らしの継続に固執する私たちに対して自分の正直な気持ちが言い出せずに困っていたのでした。

「Aさん、お引越しが楽しみなのですね。ごめんなさい、私たちちょっと心配し過ぎてしまいましたね。今日は歩いて行かれたのですね。暑かったでしょう。今日は中も見られました？」私が笑顔でそう声を掛けてみるとAさんは満面の笑みでこう答えました。

「今日はね外からじっくり見てきたんだ。いつも歩いて行くんだけど今日は暑くてまいったよ。僕はね、今回の出来事にドキドキしているんだよ。もう一生このままかと思っていたけれど、こん

なチャンスが来るなんて思わなかった。長生きはやっぱりするものだね。新しい土地ではどんなことが待っているのか毎日、楽しみで仕方がないんだよ」。

Aさんは嬉しそうに引っ越し先までの道のりと目印が書き込まれた広告の裏紙で作った手作りのメモ帳をかばんの中から取り出しました。壁に目をやれば、大安の日にいくつか大きくマルが付けられたカレンダーが掛かっています。私はなぜ気づかなかったのだろうと反省をしながら家族に連絡をしました。事情を告げて「皆でこのままAさんが選ばれた転居先へのお引越しを応援するわけにはいきませんか?」と切り出しました。

その後、Aさんの混乱はなくなり、リハビリにも積極的になり、嫌いな薬も忘れずに飲めるようになりました。私がこの日の出来事をチームに報告すると、皆、「冷静に振り返ると思い当たる節がある」と言って、それぞれがエピソードを語り合い、改めてAさんの思いを共有しました。そして、これらのことは、新たなチームへとしっかり引き継がれ、全員が笑顔で102歳の新たな一歩を応援することになったのです。

いかがでしょうか。この事例から、私はモニタリングの大切さと怖さを肌で実感しました。そして、最期まで支えていこうと考えていた私たちチームは突然の引き継ぎの中で、聴くことの意味や記録することの意味、特にモニタリングシートに何を書き、何を残すのかということを改めて考える機会となりました。

モニタリングで必要なことは、単に各サービスの実施状況を確認・評価することではなく、日々の変化をきちんとケアプランに対応させて、利用者さんの望む暮らしを実現することです。私たちがやるべきことはそのケアプランが利用者さんの自立や生活の質の向上につながっている

かどうかを評価し、必要に応じて各サービス事業者等との連絡調整・ケアプランの修正を行うことです。ここではちょっとした気づきが視点を変え、視点が変われば見えてくる世界が大きく変わります。だからこそ、ケアマネジャーが一人で頑張るのではなく、その機能を分担し、利用者さんを含む家族、各支援者がチームで継続的にモニタリングしていくことが大切なのです。

　ケアマネジャーがより良い仕事をしていくためには、よく「聴くこと」これに尽きると思います。利用者や家族の率直な思いに耳を傾けることもそうですが、この事例のように、声にならない声、声に出せない思いにも耳を澄ませ、五感を磨き、豊かな想像力を働かせ、希望を生活の中で実現していくこと、それがケアマネジャーの一番大切な仕事だと思うのです。

2 ケアマネジャーの援助の本質

第1節で聴く力の大切さ、モニタリングの重要性を解説しましたが、ここでは、ケアマネジャーの援助の本質について私たちがケアマネジャーとして大切にしたい20のポイントを通して考えていきたいと思います。

大きく「ケアマネジャーとしての意識・心構え」「家族・環境の理解」「利用者さんの理解」この3つに分けて解説していきます。

1 ケアマネジャーとしての意識・心構え
～4つのポイント～

- 私たちが届けているものを意識する
- ケアマネジャーの役割と立ち位置を伝える
- 引き継ぎ時にやるべきこと
- ネットワークの形成

この4つは、ケアマネジャーとして最も基本的な部分といえます。以下、1つずつ解説していきます。

① 私たちが届けているものを意識する

私たちは支援者である前に、私という「個人」でもあります。私たちが

本人・家族と接する時、少なからず「私らしさ」を携えていることを忘れてはいけないと思います。

人は自分に興味のないことには、とかく鈍感なものです。しかも「支援者としての私」の仮面の下に隠したつもりの「素の私」は、意外な時にひょっこりと顔を出すのですが、その時、大抵自分では気づかないものです。面接の前に真っ白に整えたはずの心と頭は、知らず知らずの間に、本人・家族が後々に困らないようにと、起こりうること、予測されることを次々に思い浮かべ、表情は知らぬ間に硬く険しくなり、気づけば眉間にしわが寄っていたりします。すると、私たちの緊張は本人・家族にも伝わってしまいます。

なぜなら、私たちが考えている以上に本人・家族は私たちのことを見ているからなのです。できるだけ私たちは柔らかな笑顔と温かなまなざしで本人・家族と相対したいものです。そのためには、私たち自身が最高の状態で面接に臨めるように、心身のコンディションを常に良好に保つことが重要なポイントとなります。これが実は何よりも大切なケアマネジャーとして必要な力といえるのかもしれません。

② ケアマネジャーの役割と立ち位置を伝える

あなたは自分の役割と存在について自己紹介ができますか？　あなたの自己紹介は本人・家族に正しく理解されているでしょうか？　自己紹介（自己の役割）をわかりやすく伝えるということは、意外と難しい技術です。本人・家族に私たちが出会う時、それは多かれ少なかれ生活上の困り事を抱え、いつもの自分ではいられないような危機的な状態の時に出会うことが多いもの。そうした状況の中では、繰り返し説明を受けても、半分も耳に入らず、上の空であるということも少なくはありません。むしろそれが当たり前でもありますね。目の前にいる私が何者なのかきちんと理解してもらえていない可能性を考え、時にはこちらから理解できているかを率直に尋ねてみることも重要です。実は、出会って間もなく

何も相談がないような場合には、ケアマネジャーという役割がわからず、どうしたら良いかと迷っていたり、「この人にどこまで話してよいか」と推し量っている状態にあるのかもしれません。

　誰もが不安や苦しみに向かう時には1人ぼっち。口に出すその時までは自分だけのものなのです。つかず離れず。ケアマネジャーはその人の感情や思考を妨げず、ある程度の距離をもってかかわりをもつことが重要となります。つい、心配な気持ちが親切心に変化して、無用に介入した挙句、かかわりに失敗してしまい、「土足で踏み込んでしまったのではないか」と反省をすることはありませんか？

　上手く利用者さんの話が聞けないと悩んでいるケアマネジャーの皆さんは、もしかしたらそこが課題なのかもしれません。悩んでいるのはケアマネジャーよりも、むしろ本人・家族のほうだったなんてことも少なくないのです。一度、勇気を出して言葉に出して聞いてみましょう。思うことも言葉に出してみると案外違うことが多いと気づくはずです。きちんと自己紹介することはもちろん、自分の役割と立ち位置が相手にきちんと伝わる、そんな自己紹介がかかわりの第1歩としてとても重要なのです。

③ 引き継ぎ時にやるべきこと

　支援当初から担当をしているケースよりも、何らかの形で前任者から引き継ぎ、支援途中から担当しているケースが多くはありませんか？見たこともない前任者からの偏った情報と情報不足によって、引き継ぎ時の苦労を経験したことのあるケアマネジャーが多いのではないでしょうか。実は引き継ぎ時に特に注意をしなければならないのは不足する情報や書類ではなく、前任のケアマネジャーの姿を引き継いでいることなのかもしれません。本人・家族にとって前任者が印象づけてしまったケアマネジャーという役割やルールは、見えないけれど染みついて剥がれず、とても厄介なものになることもあります。その姿を消し去り、新たに理解を得ることは簡単なことではありません。けれども、しっかりと担当

させていただくために、言葉に出して、これまでについて、そして、これからについて、を確認する必要があるといえます。前任者はどんな人で、どんなことを依頼し、どんな時にどんなことをしてもらってきたのか、本人・家族にとってどんな存在であったのかを聞きましょう。その上でこれからについて話し合うのです。私らしく新しい関係作りを行い、必要であればルールを更新し、新たなケアマネジメントを本人・家族と一緒に始めましょう。こうしたことをせずに進めると、互いにこんなはずではなかったということが積み重なってしまうことがあるので、要注意です。

④ ネットワークの形成

　ケアマネジャーは元職と呼ばれる、基礎となる経験と職業があり、その幅の広さがケアマネジャーという資格の特徴の1つです。そして、他の職種とは違い、自らがケアや処置を行うというような直接的な援助を行うことはありません。そこがケアマネジャーの難しさであり、腕の見せ所ともなる部分といえます。その利用者さんや家族の特徴やニードにフィットしたチームを作るために、そして円滑にそのチームが機能するために、私たちは事業所に留まらず、常に地域に出て情報を更新しながら、研修などで知識や技術を学び、人脈やネットワークを広げていく必要性があります。そこが不足してしまうと、多様な個別性のある利用者さんの思いに応えるチーム作りはできないでしょう。先述した通りモニタリングは、チームで行うものであり、ケアマネジャーだけでは十分かつ適切なモニタリングをすることは困難です。すべてを自分1人で担おうとするのではなく、目的と目標を共有しながらチームを機能させることがケアマネジャーのネットワーク力です。1つのケースをきっかけとしたその出会いが新たな誰かを支えることにもつながっていくのです。

　ケアマネジャー同士のネットワークや多職種とのネットワークをどんどん広げて新しい仲間を作り、支え合い、刺激をし合いながら共に成長していくことが地域の力へと発展していきます。

2　家族・環境の理解〜8つのポイント〜

　続いて、家族・環境を理解するために、私たちが見るべきポイントについて以下の8つを挙げます。

- その人を支えているもの
- 本人・家族の苦しみ
- 家族の歴史
- その人の生活を守る視点
- 日常の中に楽しみを見出す
- 本人・家族への理解―偏りなく見る
- キーパーソンの理解
- その人の人生を自分らしく生き切ることを支える

① その人を支えているもの

　人は支えたり、支えられたりしながら生きているものです。変わらないもの、変わりゆくもの、さまざまなものや出来事がその人を、生活を支えています。その支えは1つとは限らず、その形は人により異なり、1日の中でも常に変化していくものです。実はそこを知らないと、利用者さんのニードに迫り、気持ちにぴったりとくるプランは作れないのです。

　私たちが誰かを支えようとする時、その方法は2つあります。困り事があったり、弱っている部分を改善することと、その人の支えや強みを強化することです。私たちは生活を見る時、ついついマイナスの部分に目を向けがちになります。それは利用者さんの抱える困難を改善するために、サービスにつなげ、目に見える部分で「改善」をはかり、それを誰かが評価し、そのプランを継続していくためには必要なことの1つではあるかもしれません。しかし、会う度に利用者さんが大切にしていることには触れず、困り事だけを探されたらどうでしょう？　いつしか情報収集

は尋問のようになり、双方にとって苦痛な時間になってしまうでしょう。

　逆にプラスの部分に目を向けてみたらどうなるでしょうか。その人の支えや強みに目を向けて、今、できていること、できるかもしれないことを大切にし、さらにできることを広げていく、そんな視点で面接を行えば信頼関係は深まり互いのモチベーションはきっと上がることでしょう。

② 本人・家族の苦しみ

　利用者さんの日常、そして生活の中には大小さまざまな形のグリーフ（悲嘆）が溢れています。高齢になればなるほど能力を失ったり、諦めざるをえないことが増えていきます。その失った理由を共に考え、できるならその力を回復させていく、できることとやりたいことのギャップを少しでも小さくしていくことが、私たちにとって大切な支援となります。そのために本人・家族の苦しみがどこにあるのか、つまりギャップがどこに生じているのか、そのギャップを埋める手立てがあるのかを正確にアセスメントすることが重要です。

　では、本人・家族が抱える苦しみについて、事例を通して見ていきましょう。

THE CASE OF CARE MANAGEMENT
事例

　本人は78歳の男性でアルツハイマー型認知症と診断されていて、妻（76歳）と娘（47歳）夫婦と同居していました。

　とても優秀な教師であった利用者さんは、たくさんの生徒や地域の人々に慕われており娘にとって自慢の父でした。そんな父に憧れて、兄は教師になり、娘も教師である夫と結婚をしました。そんな父が高齢となり、ある時から様子に変化が現れたため受診したところアルツハイマー型認知症と診断されました。診断当初は「父が悪いのではない、病気がそうさせているのだ」と妻も娘もそ

う言い聞かせることで納得できていましたが、次第に頻繁に道に迷うようになり警察に保護されたり、誕生日に父のリクエストに応えて奮発し、大好きなうなぎを皆で食べに行ったのに、すぐに忘れてしまって「何もしてもらえなかった」と繰り返し文句を言われたり、妻と娘はとてもつらく、寂しい思いをするようになりました。また、次第に大切な約束を忘れるようになり、毎日何回も同じことばかり聞いたり、度々大声を出して怒鳴ったり、わけもなく暴れるようになるなど、妻と娘は疲れ果ててしまいました。そんなある日。自分でしまい込んでしまった通帳が見つからず、「盗られた」と激しく興奮し、家族を追及する父に、同居している妻も娘も、どんなに仕事が忙しくても週末に訪問していた息子も心がついていかなくなりました。認知症だと頭では理解していても、もう心が折れてしまい、家族は真剣に施設への入所を考えるようになりました。

　いかがでしょうか。教師として優秀で子どもたちの憧れでもあったかつての父と認知症を患う父とのギャップを埋めることのできない苦しみが切実に伝わってきます。お互いの距離を大切に保ち、大切な家族だからこそ、施設にゆだねることは悪いことではありません。ただ、自宅で過ごしたい本人の意向を支えてきた家族

が今を見極める、こうした場面で私たちにできることは、この苦しみを吐露する機会を作ること、それぞれが別々の時間をもてるような工夫や、例えば家族会への参加を促すことなどです。また、認知症を患う父と家族がお互いの苦しみを伝えあうことができるようなかかわりをもつことも私たちケアマネジャーができる大切な支援になるのだと思います。

③ 家族の歴史

　本人・家族がこれまでをどう生きてきたのか、家族の歩みを知ることはとても重要なことです。家族の関係性は一朝一夕で作られたものではありません。その関係性は簡単には変わらず、家族の役割も何か大きな出来事によって変化するまでは変わらないことが多いのです。また家族にはそれぞれ独特の持ち味（個性）があります。現在は過去の上に成り立ち、そして未来へと続いています。利用者さんの今を支え、課題の改善を図る際には、家族の存在や家族の情報は必要不可欠です。そして、今ここで起こっている問題を解きほぐすためのヒントは過去にあることも多く、時に家族関係を掘り下げたり、モニタリング時にうかがうさまざまなエピソードから、その家族が作り出す困難さや課題、その困難を乗り越える方法、そして、それぞれの家族の力と役割を知ることが重要となります。

　私たちがこれからを考える時、これまでを知ることでアプローチの方法は変わり、家族の力の引き出し方を知り、そして、その家族特有のルールを私たちも守ることができるようになるのです。家族のルールに沿わない支援や方法では、今を改善することは困難です。それでは、家族の力や支えを強めることができず、その家族には受け入れてもらうことができないでしょう。

　利用者さんの自宅には家族の歴史を紐解くヒントがたくさんあるはずです。部屋を見渡すだけでなく、行事や暦、ニュースなど共通の話題に

乗せてエピソードを引き出しましょう。「そういえば……」と思い出すあの頃の思い出によって、今の家族への思いが変化する可能性もあります。また、同じ出来事でも家族によって感じ方はさまざまなもの。その語りから、家族それぞれの思いに触れることは、今起きている事象への理解や解決への糸口に欠かせない情報となるのです。家族の思いやルールを知り、本人や家族の支援につなげていくことが肝要ではないでしょうか。

④ その人の生活を守る視点

　人は生きている限り、日々の生活を営んでいきます。たとえ、独り暮らしで誰とも会わず、一言も話す機会がなくても、たとえ、ベッドの上で自分1人では動くことができなくても、そこにはその人の生活があります。私たちはその生活を大切に守らなくてはなりません。しかし、実際には私たちの思う生活と比較し、ともするとその人の現状をマイナスに捉え、私たちの考えるプラスの方向に変化させるためのプランを考えてしまうことも多いのではないでしょうか。

　生活は、人それぞれです。そこに望むものは1人ひとり異なり、そのペースや過ごし方、心地よさは、その人にしかわからないものです。私たちケアマネジャーにとって、その人の望む暮らしを知り、好きなことや好きな物を知り、したいこと、できることを広げていくことは大切な役割なのです。誰かと比べてどうかではなく、以前と比べてどうかでもない、利用者さんが今、何を望み、どんなふうに日々を過ごしたいのか、そしてそれができるようになるには何が必要とされているのかについて純粋に着目していきましょう。また、生活の中に望むことはごく些細なことも多く、起こす変化はごく小さくて良いのかもしれません。目に見える大きな変化を起こすより、どうしたら今、その小さな希望が実現できるかを考え、それをケアプランに反映し、その人の暮らしが豊かになる方法を日々の暮らしの中で形にしていくことが重要な役割なのです。繰り返しになりますが、その人の生活を大切に守り、実現していくことが

私たちケアマネジャーの使命だと思います。

⑤ 日常の中に楽しみを見出す

　生活の中の楽しみとは、ひっそりとそして当たり前のように傍らにあるものなのかもしれません。何気ない些細な出来事であったとしても、そこには、他には代えがたい大きな喜びがあるのだと思います。

　例えば、ある利用者さんが「朝起きて、外を見るとプランターにミニトマトが1つ赤く熟れている。それを自分で摘み、朝食にいただくこと、それがこの時期の私の最高の楽しみです」と、溢れる笑顔で教えてくれました。「なるほど、日常の楽しみは季節によって変わるんだ」と気づかされた、大切な思い出です。また、別の利用者さんは、「昨日ね、道を歩いていたら燕がサーッと飛んできたの。あ、今年も帰ってきてくれた。年末でも誕生日でもなく、私はいつもこの時期に1年を振り返るのよ。今年も元気に過ごせて嬉しい。また会えて嬉しい。そして来年まで元気でいたい、毎年そう思うの」と優しい笑顔で語ってくれました。その人の1年がいつ始まるのか、何に喜びを感じ何を目標としているのか、日常の中の楽しみが1年を過ごすモチベーションを高めるきっかけになることを教えてくれました。何気ない日常の中には、その人の幸せへのヒントがたくさん隠されています。私たちはその人の「嬉しい」「楽しい」をたくさん知って、毎日の生活の中に散りばめられるように、その人がふと笑顔になる瞬間を見逃さずにいたいものです。

⑥ 本人・家族への理解－偏りなく見る

　私たちが利用者・家族を見る時、どうしても自分自身の尺度をもって見てしまいがちです。本人がどう思うか？　家族がどう思うか？　その思いや言葉をまっすぐに捉え、批判せず、そのままを受け止めたいところですが、実際はなかなかそうはいかない現実があります。

　「家族は一緒が良い」「娘なのだから親の面倒をみるのは当然」……例え

ば強くそう思う素の私がいれば、少なからず「全くかかわろうとされない家族」への印象は悪く、「毎日通う娘」と「月に1回しか訪ねて来ない娘」であれば、前者への評価がどうしても上になってしまうでしょう。でも、「その人らしさ」と同様に、その家族の距離感も「その家族らしさ」なのです。人によって、家族の関係性によって、その時期によっても家族の形や距離、かかわり方は変化します。

　ある事例検討の中で、片道1時間半をかけて1か月に1回休みを使い、日帰りで利用者さんのもとに通う40代後半の息子をどう捉えるか？　という深く考えさせられる場面がありました。事例提供者の女性は、「毎週末仕事が休みであるのに泊まらず日帰りする」という理由で息子の介護を「頻度が少なく不十分」「泊まったりしてもう少しかかわれるはず」ともどかしく感じ、ケアマネジャーとしてそこを改善しようと相談したところ関係が難しくなった、というのが事例の提出理由でした。すると男性の参加者は、働き盛りの息子の平日の残業の様子や息子自身の家族の中での立ち位置と役割から捉えなおし、「片道1時間半、往復3時間以上

かけて日帰りで通い続けている」という視点で考えれば、これは「すごいこと」であり「息子の精一杯の姿」「親を思う息子の思いの現われ」としてプラスに評価されました。この二人の考え方、捉え方の差は、ケアマネジャーとしての見方の癖や素の私の考え方によって、少なからず左右されている現実を表していると思います。このように私たちは、自分だけで判断せず、他にかかわる人たちの意見にも注意して耳を傾け、見方が偏らないよう意識して心がけることが大切だということがわかります。あるがままを受け止める、偏りなく見るということがいかに難しいか、まずはそのことを理解しておきましょう。

⑦ キーパーソンの理解

　キーパーソンとは、利用者さんにとって何かの鍵を握る人ではなく、私たちケアマネジャーにとって便利な窓口的存在＝キーパーソンという捉え方になってしまってはいませんか？　家族の中、またかかわる人の中でのキーパーソンとは、実は1人ではないことも多く、物事やその役割によって、それぞれが何かのキーパーソンとして機能していることも珍しくはありません。

　例えば、利用者さんには長女、長男、次女の3人の子どもがいるとします。長男家族は利用者さんと同じ敷地内に住み、日頃から行き来はあるが共働きで忙しく、あまり時間をかけてかかわる様子はありません。次女は隣接する他県に住み、毎週ではないものの週末を利用して1、2日泊まりがけで来ては買い物や外食等に連れ出しています。長女は海外に住み1年に2回、それぞれ2週間ほど帰国しては、同地域にある自宅から毎日のように通い（定期的に集中して）、その間にできる支援を行っています。この家族は、病気に関することや治療方針は長男が、書類や日々の暮らしに関することは次女、お金のことや大きな方向性を決める決定権は長女にありました。家族へのアセスメントとモニタリングからこのことがわかり、キーパーソンを3人としたことで状態の改善がみられ、家

族のかかわりが密になり、家族の力が上手く作用する結果へと結びつきました。

　しかし、家族の力は束ねれば良い結果になるとは限らず、また1人を立てることが良いとも限りません。まずは、どこをどう触ると家族全体が動くのか、また、それぞれが持つ力がどういうもので、利用者さんが誰のどういう力を頼りに思っているのか、といったことを丁寧にアセスメントしていくことが必要です。家族のアセスメントは本人・家族1人ひとりの協力と承諾なしにはできませんが、とても大切な視点です。ぜひ、会ったことのない家族に会う機会を作り、それぞれの目から見た情報や意向、評価を定期的にうかがう環境を整えていきましょう。1人の家族から得た情報より、さまざまな立場や役割から見た多様な視点からの情報を統合したほうがはるかに豊かなアセスメントへとつながります。

⑧ その人の人生を自分らしく生き切ることを支える

　その人は1人きり、その人の代わりになる人はいません。そして誰の人生も一度きりで、誰しもが、その生も死も向き合うのは初めてのことです。初めてですから、戸惑って当然。初めてのことは暗中模索、手探りで歩んでいくものです。

　これは私たちケアマネジャーも同じです。私たちも手探りで生きています。しかし、資格を取りその資格を生業とし、苦しむ人の支えになりたいと願うのであれば、初めてだから仕方ないという思いは捨てなければいけません。

　暗中模索しているその人の人生に寄り添って、その人が自分らしく生き切ることを支えるのが私たちの仕事です。そして、その苦しみを、その不安な気持ちを、私たちは真っ白な心でフラットに受け止めることができなければ、「支えになりたい」という願いは叶いません。また、注意しておきたいのは、人は相手により見せる姿を変えるということです。私が見ているその人と家族が見ているその人は同じではないのかもしれま

せん。そのことに気づけなければ、本当のその人らしさには出会えないかもしれないのです。さらに言えば、今、見えているその人らしさも日々の体験や変化によって毎日少しずつ変わっていくものです。人や人の思いは刻々と変わるもの。私もあなたも人と人とのかかわりの中で作られて、成長していきます。だからこそ最期のその時が訪れるまで、思いや願いは日々変わり続けることを忘れずに、その人の今を、その人らしい人生を支えることに全力を傾けましょう。

3　利用者さんの理解〜8つのポイント〜

　最後に利用者さんを理解するために押さえておきたい8つのポイントを示します。

- 人生のモチベーションと困難を乗り越える力を読み取る
- 1年のバイオリズムを掴む
- 支援チームの情報をまとめ共有していく
- 本人の力を高め活かしていく
- 災害時等に活きる支援を押さえておく
- 病気や薬、治療に関する情報を押さえる
- 医療依存度の高い利用者さんに寄り添う
- 終末期の利用者さんの最終段階を支える

① 人生のモチベーションと困難を乗り越える力を読み取る

　人には、それぞれその人の意欲を刺激し、高めるスイッチやその人を支え、勇気づけ、励ますスイッチがあると思います。私たちは利用者さんの支えや張り合いと共に、それらのスイッチを探すことを忘れてはいけません。そのスイッチはどこにあって、何によって入ったり、切れたりするのでしょう。それは1日の中、1か月の中、1年の中、そして人生の中

41

にさまざまな形で存在しており、その持続する長さも、強さもその時々によって異なるでしょう。

スイッチを探る際の1つのヒントとして人生を振り返って話してもらうことが挙げられます。人生を振り返ってみた時、楽しいことや嬉しいことよりも、苦労をしたり、大変だった頃のほうが、より多く頭に浮かぶのではないでしょうか。本人・家族の歴史の中で、輝いていた時を知ることも重要です。でもその一方では、どんな困難に遭遇し、人生の一大事をどう乗り越えてきたのか、その人なりの方法やその時の決意、そこに至る過程・気持ちを語っていただくことも自身を振り返る機会となり、今の困難を乗り越えるための大切な方法を探すためのモニタリングの1つとなるでしょう。ここにスイッチが隠されていることも多いのです。そして、その方法を知っているのは本人・家族しかおらず、その時の気持ちを思い出すことは本人・家族にしかできない作業なのです。

例えば、長い人生の中、大小さまざまな苦しみや試練を乗り越えてきたとします。その時はどんな場面で、どんな苦しみに対して、何を支えに乗り越えられたのか？　また、乗り越えられなかった苦しみがあるとしたら、どんな苦しみにどう負けてしまったのか、支えはどうだったのかを考えてみる必要があるのではないでしょうか。

人生で一番輝いていた頃、苦労が多かった頃など、さまざまなエピソードを聴きながら人生のアルバムを丁寧に紐解いていく中で、自分の支えとなるスイッチを見つけることができるとこれからに活かすことができるかもしれません。

以前こんな事例がありました。Bさんはピアノの先生でした。彼女にとって、嬉しい時には嬉しい曲を、悲しい時には悲しい曲を弾き、そこに自分の感情を乗せてピアノを奏でることが、穏やかな自分を保つ心の支えでした。

しかし、Bさんの夫は10年以上前に寝たきりとなり、毎日献身的に介護を続けていましたが、このほど最愛の夫を亡くしました。彼女は夫を

失った悲しみに暮れるあまり、心の支えであったピアノにも向き合うことを忘れ、長年、大切にしてきたピアノはいつしか荷物の中に埋もれていってしまいました。

　それから時が流れ、Bさんも介護サービスを利用するようになりました。そんなある日、掃除をしていたヘルパーがアルバムを見つけて話しかけました。「これはBさん？　ピアノがお好きだったのですか？」その写真にはピアノで伴奏をするBさんとその傍らで楽しそうに歌う夫の若き日の姿が写っていました。その写真を目にした途端、Bさんの表情が変わり、それまで電気が消えて真っ暗になっていた奥の部屋に明かりが灯りました。それから何日も掃除を続けて、荷物の山が取り除かれた先にはグランドピアノがありました。けれども長い間眠っていたピアノの音程はズレてしまっていました。どこからかその話を聞きつけて、ある日音大のピアノ講師で、疎遠になっていた娘が調律師を連れてやって来たのです。調律をしながら奏でられるキレイな音色に、Bさんは穏やかな表情を浮かべ歌い出しました。そして調律が終わり、彼女がピアノに向かうとその指は軽やかに鍵盤を舞ったのです。Bさんの笑顔、その笑顔を見る娘の笑顔……そこから笑顔の連鎖が起こったのでした。そう、

ピアノはBさんのスイッチだったのです。それを見つけたのは医師でも家族でもなく、一番身近にいたヘルパーでした。そして、この瞬間、Bさんの今とこれからは180度変わったのです。それからは、嬉しい時も悲しい時も、最期まで彼女の家からはピアノの音色が聴こえていたことを思い出します。

　ここで、十分に気をつけなければいけないことは、苦々しい思い出やつらかった思い出を思い出すと、ひどく悲しまれ、今以上に落ち込んでしまうことも十分にあり得るということです。これを防ぐには、聴く時期やタイミングを見極めることが大切です。本人・家族なりの困難を乗り越える方法や力、家族の役割、そして今あるパワーを生活のさまざまな場面や、家族、友人・知人などの関係者から了解を得られる範囲で読み取る努力をしていきましょう。

② 1年のバイオリズムを掴む

　好きな季節や苦手な月、何となく嫌な日付、そして曜日などを尋ねたことはありますか？　そしてその理由について聞いてみたことはありますか？　これらの情報はモニタリングに必要な視点やかける言葉、伺う時間や曜日、その対象やシチュエーションなどを検討する時に必要不可欠な情報となり得ます。

　1年を振り返ると、いつもこの時期は入院をしている、怪我をするのは大体この時間帯、そして救急車で運ばれるのは決まって土曜日の夜など、利用者さんの変化の中に規則的なものが見つかることがあります。なかには私たちが知らない、20年間共に暮らした大切な家族であるペットが亡くなったその命日であったり、家族と別れた日であったり、人生を重ねるほどに、その人にとって、意味のある日付や季節が増えていきます。今日という日がその人にとってどんな日なのか、そこまで思いを巡らせるアンテナを持っていますか？　ある人は、ぽかぽか陽気の続く春という季節が好きだけれど、別のある人にとっては花粉症から体調を

崩すあまり得意ではない季節かもしれません。こんなふうに本人・家族の1年のバイオリズムを掴むことで、予測・予防できることも少なくはありません。そこに意識を向けていくことで、今年はこれをしているから大丈夫と思える気持ちがニーズを解決・改善するためのモチベーションにつながることもあるでしょう。実際には季節ごとにケアプランを作ることはできないかもしれませんが、見直すことは必要な視点だといえるでしょう。

③ 支援チームの情報をまとめ共有していく

　サービス担当者会議に出席することはないけれど、利用者さんの一番身近なスタッフや存在を知っていますか？　例えばそれは訪問してくれるヘルパーであったり、デイサービスで入浴をする際に担当してくれる介護士なのかもしれません。通院時に受付にいる医療事務や薬局の薬剤師、お隣さんや地域の八百屋の大将かもしれません。こうした情報をまとめ、必要な人たちと共有していく、それはケアマネジャーの大切な仕事の1つとなります。

　ケアプランの実行状況について、また利用者さんの状態や本人を取り巻く環境やその変化について、実際に知っているのは現場のスタッフです。利用者さんのふと漏らした一言やふと見せる表情、仕草の中に、「そう言えば……」ということが隠れているかもしれません。ですから、必要に応じて、現場のスタッフにモニタリングの目的を伝えられるように工夫をし、時には直接聞き取り、その場に出向いてその空気を肌で感じ、共に味わってみることで報告書に記載されない生の情報を手にすることもあるでしょう。この情報はもしかしたら私しか知らないことなのかもしれないと、スタッフの1人ひとりが気づき、それを発信し、速やかに共有できるように、風通しの良いチームを作っていくことも私たちの大切な仕事です。

④ 本人の力を高め活かしていく

　本人の有する力を高めるためには、まずその力がどれくらいのものなのか、いつもの力なのかを知らなければなりません。ADL、IADL、意欲、思考、他者との関係性、知識、技術、自己決定、環境適応能力、健康、経済等、当たり前ですが、本人の力をはかるために押さえるべき事柄は実に多岐にわたっています。その力は、体調や環境、そして気がかりの有無などにより簡単に左右されるものもあり、到底ケアマネジャー1人では、評価はおろか気づくことすらできないことも多いのが現状でしょう。ケアマネジャーが、本人のニードに合ったサービスにつなげるには、この人の有する力の評価を適切に行う必要があります。

　本人のニーズは一定の期間で変化するわけではなく、変化のしやすさやその時期など、必要な時にはその変化の程度を頻繁に確かめていく必要があります。

　本人が持っているその力を発揮できる時はどんな条件があって、どんなシチュエーションでのことなのだろうか、または、自宅なのか、外出先なのか、それとも家族の前でなのか、家族がいない時なのか、その組み合わせによって見ている力が異なるため、評価や必要とされるものやニードが職種によって大きく異なる場合もあります。

　1か月に1回以上、家庭を訪問することは最低限のことです。別の機会を設けてデイサービスやショートステイの利用中に行っても良いのです。よりアセスメントを深め、適切なプランへとつなげるためには大切なことです。気がかりがある時には遠慮せずに、必要な時に必要な場面ごとに必要な人とモニタリングができるように社会的環境と協力体制を整えていきましょう。

⑤ 災害時等に活きる支援を押さえておく

　利用者さんがいつも行くお店、病院は知っていても、そこへ行くために通る道を知っていますか？　歩く道や目印は長年決まっていることも

第1章
改めてケアマネジャーの仕事を考える

第2章

第3章

第4章

第5章

多く、それを知ることでまた1つ、モニタリングが深まりアセスメントの追加項目が増えるはずです。そして地域の誰がどんな支援をどんな時にしてくれているかを知っていますか？　それはお隣さんや民生委員さんとは限りません。インフォーマルな支援の状況をあなたはどこまで把握しているでしょうか？

　災害時はもちろん、事故や火災、そして工事や入院などで「日常」が崩れることにより、支援に必要な力が欠けると、容易に生活に支障が生じます。これから長く続くであろう道路工事やいつも助けてくれる地域の人の入院は、利用者さんの日常において些細な出来事ではなく一大事といえます。外出や買物ができなくなっている原因になってしまっていたり、ニーズの変化を引き起こす要因となっているのかもしれません。

　利用者さんを見る時、身体面に起こる変化のみをクローズアップするのではなく、むしろ見ることの難しい、精神面の変化やニーズ、そして暮らす環境といった生活全体を偏りなくアセスメントしておくことが、災害や緊急時に活きてきます。

⑥ 病気や薬、治療に関する情報を押さえる

　病院・病気の捉え方、薬へのイメージなどは、家族や親戚、親しい友人

の死、宗教や死生観によって影響を受けていることが少なくありません。こうしたことは、少々踏み込んだことでもあるため信頼関係が十分に築けていない時には、ほんの上辺しか聞けない情報でもあります。それゆえに必要性の高い情報です。

　例えば、問題行動かと思われた拒薬は、実は昨年亡くなった夫が死の直前に処方され飲んでいた薬であったから飲みたくなかった、ある病気に対する恐怖や不安が大きい理由は、家族の中に同じ病気で亡くなった方が複数いたからなど、病院や医療に対する捉え方に色濃くその人の歴史が関連している場合もあり得ます。あるいは、昨年までとは打って変わって、過ごし方がとても消極的になったと感じた利用者さんに、その理由をよくうかがってみたところ、両親がいずれもその年齢で亡くなったということが背景にありました。このように、生活に起こる変化や影響の裏にはその人なりの理由・原因が潜んでいる場合もあるのです。

　私たちはこうした変化を敏感に察知し、読み取ることもモニタリングを通じて行っていきます。言葉や目に見えることの背景にある物語を感じ取り、引き出すように努めましょう。そのためには目の前のことに振り回されず見つめるまなざしや、ぶれない根拠、立ち位置が必要となります。定期的に事例をまとめて振り返ったり、リ・アセスメントや課題整理総括表を用いて現象と結果として支援を客観的に分析していく訓練をするなど、その力をつけていくことは私たちにとってとても重要なことなのです。

⑦ 医療依存度の高い利用者さんに寄り添う

　例えば、対象となる利用者さんが、がんの末期であったり、進行性の難病を患われている場合、アセスメントやモニタリングへの不安が一気に高まるのではないでしょうか。たとえ元職が医療系であっても、その利用者さんの疾患や必要とされる知識が専門外の分野のものであったり、不十分であったりすると、不安は同じく大きいものとなるでしょう。

この不安は、ついつい1人ですべてを背負ってしまうことにも原因があります。たとえそうした知識の全部を知らず、理解が不十分であったとしても、すべてを自分で聞けなくても良いのです。医師だって、家族だって、本人だって1人ひとりが、全部をわかっているわけではないのですから。わかる人に素直に聞き、必要な知識を身につけ、学ぶべきところは学び、託すべきところは適切な職種や人にゆだねれば良いのだと思います。

医療依存度の高い利用者さんは、その置かれている状況からパワーレスに陥りがちです。そんな時は、人を迎えたり、言葉を発するだけでも苦痛なものです。黙ってその時間を共に過ごし、その人のペースを大切にし、感情を先取りせず、沈黙に寄り添うことも時に大切な支援となることを忘れてはいけません。

そして、笑顔を忘れずに、どんな時にも希望を持ち続けましょう。私たちの笑顔や希望を持つその姿勢が本人・家族の力につながります。私たちにもできること、私たちにしかできないことを続けていきましょう。

⑧ 終末期の利用者さんの最終段階を支える

ケアマネジャーが終末期の利用者さんを担当する時、訪問診療や訪問看護が医療保険となり、家族がいるため訪問介護が入らず、介護保険では福祉用具のみのかかわりとなることも多くあります。こんな時、まさに序章のケイコさんのような状況になりがちです。福祉用具のみと考えてしまうとモニタリングも不安になってしまいますが、福祉用具が残されたということは、私たちにできることが残されていると考えることもできます。

終末期に必要とされる福祉用具は主に身体の痛みや負担を緩和するために導入されています。さらに、身体化された心の痛み、介護負担の軽減、例えば、腰痛の予防や転倒等のリスクを減らすために手すりやマットレス、ベッドが導入されていると思います。

私たちは介護保険によって導入している福祉用具の活用や効果についてモニタリングをする必要があります。見方を変えれば、ダイレクトに痛みに関して触れることのできる職種でもあるといえるのではないでしょうか。

　終末期の利用者さんは、身体的、精神的、社会的、そしてスピリチュアルな苦しみを抱えています。苦しみは痛みであり、その変化はモニタリングの大切な視点となります。そしてしっかりとその苦しみ＝痛みをキャッチして和らげていく必要があるのです。

　そこで必要となる情報があります。それは初めて病気と向き合った時の様子や、治療方針を決めたり変更した時の本人・家族の様子です。しかし、急性期病院からいくつかの病院を経由して在宅へ戻ってくるまでには多数の支援者がかかわり、この情報が在宅を支える私たちまできちんと引き継がれないことがまだまだ多いのです。病院には5年間の記録保管の義務があり、支援者や担当する医師やMSWが変わっても、本人・家族に了解を得られれば情報を後から問い合わせることが可能な場合も多いはず。まずは本人・家族と相談をして、必要であれば躊躇せず病院に問い合わせて原点を確認しておくことも検討しましょう。これは最終段階を支えるためにとても大切な視点であることを理解しておきましょう。

4　ケアマネジャーが行える終末期の支援とは

　私たちは訪問した際のすべての時間をモニタリング（聴くこと）に当てられる唯一の職種であり、また、直接的な援助を行うことがないからこそ、利用者・家族が対等な関係（フィフティ・フィフティ）でいられる貴重な存在でもあるのです。ゆっくりと利用者の言葉に耳を傾け、聴くこと、そこでキャッチしたサインや必要な情報をかかわるすべての職種で遅滞なく共有していくこと、そして支援する1人ひとりが自分にできることを見つけ、チームの支えや働きを強めていけるように連携を整えていくこ

と、これがケアマネジャーの仕事です。特に終末期の利用者さんの支援では、このことを常に意識したいものです。

　ケアマネジャーが大切にしたい20の視点から、援助の本質について考えてきました。ケアマネジャーの援助の対象は「今を生きる人」です。何かに戸惑い、何かに傷つきながらも、日々成長を続ける「今を生きる人」の思いは常に揺れ動いているもの。その人らしく生き抜くための方策も生きていれば日々刻刻と変化していくことでしょう。だからこそ私たちは常に情報を更新しながら、その人の苦しみや支えを知り、心や身体の痛みを和らげたり、温めたりできるように生活やケアのあり方を捉え直していく必要があるのでしょう。望ましい死とは、望ましい生き方の先にこそある姿です。やがてさまざまな形で訪れる「別れ」に向けて、私たちはその人の大切な時間を、大切な人と分かち合えるように、今を支えなければならないのです。

大切にしたい20のポイント

- 私たちが届けているものを意識する
- ケアマネジャーの役割と立ち位置を伝える
- 引き継ぎ時にやるべきこと
- ネットワークの形成
- その人を支えているもの
- 本人・家族の苦しみ
- 家族の歴史
- その人の生活を守る視点
- 日常の中に楽しみを見出す
- 本人・家族への理解–偏りなく見る
- キーパーソンの理解
- その人の人生を自分らしく生き切ることを支える
- 人生のモチベーションと困難を乗り越える力を読み取る
- 1年のバイオリズムを掴む
- 支援チームの情報をまとめ共有していく
- 本人の力を高め活かしていく
- 災害時等に活きる支援を押さえておく
- 病気や薬、治療に関する情報を押さえる
- 医療依存度の高い利用者さんに寄り添う
- 終末期の利用者さんの最終段階を支える

3　利用者さんの喜び、笑顔が仕事の糧

　ここまで、ケアマネジャーの仕事と私たちが大切にすべき視点について述べてきました。ここでは、私たち自身の内面にも焦点を当ててみたいと思います。

1　元気の源は利用者さんの笑顔

　「あなたがケアマネジャーの仕事をしていて一番やりがいを感じる、嬉しいと思える瞬間や場面を挙げてください」と聞かれた時、どう答えますか？　いろいろと答えはありそうですが、「利用者さんが笑顔になった時、喜んでもらえた時」を挙げるケアマネジャーが多いのではないでしょうか。「ありがとう」という感謝の言葉も嬉しいけれど、それ以上に「ふと見せる嬉しそうな笑顔」や「優しい笑顔が浮かぶ一瞬」に、「ああ、これで良かったんだ」と自身の援助を振り返って、胸を撫でおろし、ホッとできるのだと思います。もちろん、サービスの決定や導入は独断で決めるのではなく、自分なりに丁寧に本人、家族の意向を聴き、多職種の意見もうかがい、担当者会議という場で決定されます。しかし、そもそもそこで私たちがすべての礎となる本人の「本音」をしっかりと聴けていなければ、そのチームが向かう方向性は間違ったものとなり、本人にとって嬉しくない目標が立てられ、チームが乗った船はいずれ暗礁に乗り上げるでしょう。これでは、到底利用者さんの穏やかな表情にたどり着くこ

とはできません。だからこそ、笑顔を見せてもらえると、方向性が間違っていなかったと安心できるわけです。私たちが介入を誤ると、穏やかどころか、時が経つにつれて、本人の希望とチームの向かう方向の乖離は大きくなり、実はこんなことは初めから望んではいない、こんなはずではなかった、という結末へとたどり着いてしまうこともあります。私たちの支援は本人の利益につなげていくことが最大の目的ですが、最低でも、本人の害につながらないようにしなければなりません。残念ながら、援助者である私たちが新たな苦しみを作り出してしまうという、苦い経験へとつながってしまうこともあるのが現実。ではなぜそのようなことは起こってしまうのでしょうか。

2　わかってもらえないという思い

　それは、利用者さんに対しても、チームの中の多職種に対しても同じことですが、自分の苦しみを聴いてくれない、わかってもらえないと感じるケアマネジャーのままではその役割を果たすことができないのだと思います。

　そもそもの根本原因を、私たちの内面にある心の声に聴いてみましょう。傍から見れば、月に1度、本人の自宅を訪問し、世間話をしているだけのようにも思えるケアマネジャーにとって、日々の援助は、直接援助のサービスのように形に残らないことも実に多くあります。サービスにつながらなければ何も残らないことが多く、本人や家族、多職種からの評価も低くなってしまうと不安に感じることもあるでしょう。実際に多職種からの風当たりが強くなる現状がそこにはあります。ケアマネジャーの仕事は、形にならなければ報酬につながらない制度であるため、直接的なケアには携わらない私たちはつい目に見える評価が欲しくなり、目先の困難に焦点を当てがちになってしまうのですが、実はこれが間違いとなる初めの一歩なのです。さらに、この方向に自信が持てず不

安になってくると、次に起こることはチームに溶け込めずに頑なに自分を守ったり、自らチームと距離を取るような行動に走ってしまったりすることです。そして独りで苦しんだ結果、苦い経験へとつながってしまうという道筋があります。

3 原点に戻る

　では、どうしたら目先の課題に走らず、利用者さんに「わかってもらえる」と感じられるような支援を行い、自分の支援の方向性に自信が持てるようになるのでしょうか。繰り返しになりますが、利用者さんの喜びや笑顔が、私たちのやりがいにつながる仕事の糧です。その原点に立ち戻り、もう一度、目の前の本人の本音をきちんと聴くことから始めましょう。そして、私たちが行う相談援助という形のない、見えづらいものについて、まず私たち自身がしっかりと、その意味と役割を理解し、自身の援助を言葉（形）にして相手に伝えることができるようになることが大切です。たとえ、サービスにつながらなくても私たちケアマネジャーの援助には大きな役割があることを自覚して、確固たる自信を持ち、利用者さんの笑顔につながる支援を目指しましょう。

　また、見える化しづらいことから、ケアマネジャーの評価の指標もさまざまです。それらの評価は一定の評価として大切ですが、大事なことはそれに一喜一憂しない「しなやかな心」でしょう。

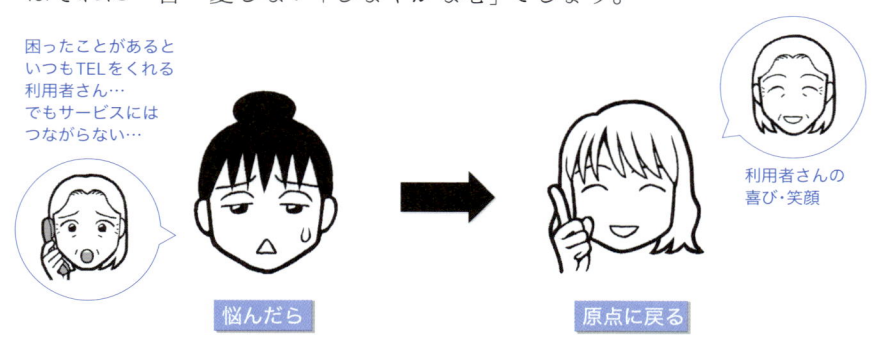

困ったことがあるといつもTELをくれる利用者さん…でもサービスにはつながらない…

悩んだら

原点に戻る

利用者さんの喜び・笑顔

4 援助を言葉にする

　では、私たちの行う援助を言葉にするとは、具体的にどのようなものなのでしょうか。ケアマネジャーの存在意義を問われた時、自身のかかわりを通して利用者さんに目に見える変化が見当たらない時、かかわる自信を失くしたことはありませんか？　自分たちが行う援助についてケアマネジャー自身が客観的に他者に説明できる力を持つということは「根拠をもってかかわる自信」につながります。ここでは言葉に現わすべき援助について「質問力」「創造力」「調整力」「促進力」の4つに分けて考えてみたいと思います。

① 質問力

　質問力のベースには聴く技術が必要です。なぜならば質問の「答え」を持っているのは本人だけだからです。答えるためには「思い」を「言葉」に換え、声に出して「言葉」を発し、相手に「伝え（届け）る」という作業が必要です。悩みや苦しみを抱える利用者にとってこの作業は想像以上にパワーが必要とされます。だからこそ必要となるのが聴く側の技術なのです。パワーのいる作業の負担を少しでも軽くするためにケアマネジャーには「引き出す力」が求められます。それでは具体的に「聴く側」が持つべき質問力、聴く技術について解説します（なお、ここで解説する3つの技術は、第2章で解説する「援助的コミュニケーション」の根幹ですが、ここでは、引き出す力に焦点を当てて解説します）。

反復

　反復とは、相手の言葉を言い換えることなく、間合いをみてそのままを繰り返すことです。ここでは間合いや声のトーンがとても重要です。相手が時間をかけ

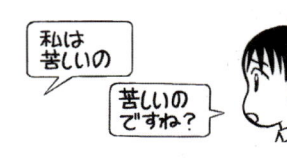

て絞り出した言葉をすぐに反復すると軽く感じられてしまいます。相手と波長を合わせ、相手の言葉を噛み締め、言葉の温度が感じられるように、言葉に表情をもたせ、スピードやトーンをコントロールすることが重要となります。

沈黙

　ケアマネジャーに限らず沈黙が苦手な人は多いのではないでしょうか。私もかつては、黙っている時間が長くなると、どうにも焦ってしまい、何か言おうと言葉を探し、自ら沈黙を破っては自己嫌悪を繰り返していました。なぜ自己嫌悪を繰り返していたのか考えてみると、沈黙から逃げ出す時に並べた言葉はどこかその場しのぎで軽く、その人やその場にふさわしいものではなかったからだと思います。

　そこで視点を変えるため役割を入れ替えて「沈黙」をしてみたところ、驚くほどの心地よさを感じたのです。相手にされると怖い「沈黙」は、自分でしてみると意外にも「考えをまとめるために必要な時間」「思いを言葉にして発するためにエネルギーを充電する時間」なのだと気づきます。その時間が自らハッとするほど長くても、全く苦痛を感じない、むしろ心地よい時間であることに気づきます。自分がしっかりと自分に向き合うために必要な時間が「沈黙」とするならば、その「沈黙」を守り、大切にその時間を味わってくれる人が目の前にいると、「わかってくれる人」だと感じるのではないでしょうか。

　沈黙を守ることも聴く側の大切な技術なのです。

問いかけ

　相手の心の声に耳を傾け、丁寧にその思いを反復していくと、自分の言葉を他者を介して聴くことで、自分の思いを客観視できるようになります。相手が客観的に考え、思いが整理されてきた頃合いを見て、新たな気づきにつながるような「問いかけ」をしてみましょう。

「苦しい時」の話がたくさん出てきたならば「その時の支え」を聴き、「これからへの不安」が大きければ「その不安はどうすれば軽くなるのか」を尋ねてみる、「こんなことができない」のであれば「こんなことならできる」、「こんなことがつらい」なら「こんなことは嬉しい」など、無理矢理ではなく、自然な流れで海の底からゆっくりと浮上していくような感覚を持ち、穏やかな口調で「問いかけ」を重ねていきましょう。

また、相手の心が上向きになったところで問いかけを終えるのがポイントです。下を向いて終わりではなく、上を向いて終わることで考え方やその思いがポジティブになります。どこでこの会話を終わらせるのかを考えながら「聴く」というのは難しい技術ですが、磨く必要性の高い、効果的な技術なのです。

② 創造力

私たちは、①の「質問で聴いた声」を頼りにその人の望む暮らし（長期目標）を実現していくことが役割です。それには、さまざまなものを創り出す力が必要です。例えばケアマネジャーが実践で行っているチーム作りには想像力が溢れています。その人の望む生活（長期目標）を実現するためには、その目標に沿ったスモールステップ（短期目標）を積み重ねることが重要です。そのためには具体的に何が必要で（援助内容）、その効果を促進するためには誰の助け（支援）が必要か（多職種）、その機会はどのくらいが効果的（頻度）で、どのくらい続けると結果が期待できるのか（期間）。これらは想像力と創造力が必要不可欠です。

1つの事例を丁寧に紐解きながら振り返りを行い（事例検討）、その人の生活課題から見えてくる課題を地域課題としても捉え（事例研究）、必要な社会

資源を創り出したり、十分に機能していない制度やサービスを見つけ、ケア会議で話し合ったり多職種や行政に働きかけ機能させていく力は、ケアマネジャーにとってとても身近で重要な力といえるでしょう。

③ 調整力

　ケアマネジメントに調整はつきものです。私たちはチームの中では黒子に徹し、1人ひとりが十分にその力を発揮できるように多職種で構成されたチームを整えています。その人（本人）の願いを叶えるために、時に家族への援助に重きを置き、家族やチームを育て、それから、本人へのメリットを考

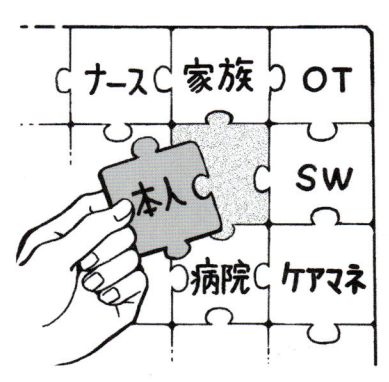

える、そんな円環的な支援の方法もケアマネジャーの行う日常的な手段ではないでしょうか。また、その人の暮らす環境調整として場の調整、家族間の調整もケアマネジメントには不可欠なものでしょう。その人（本人）を含めた家族を1つのまとまりとして捉え、過去や現在、そして未来を見つめ、その関係性に対するケアはケアマネジメントの中核ともなり得る大切な援助を支える力です。それが調整力だといえます。

④ 促進力

　私たちはさまざまな力を使って、その人（本人）をエンパワメントしていく役割を担っています。私たちケアマネジャーは利用者さんの笑顔も仕事の糧としていますが、その人の変化、すなわち行動変

容が起こることも目標であり援助者の喜びです。生活の中に小さな変化が現れる時、それは少なからずその人の気持ちがその目標に向いている

時ではないでしょうか。利用者さんが、プランや目標を自分のもの（こと）だと受け止め、主体的に取り組むべく意欲を持った時、その効果は目に見えて現れてくることが多いもの。

　このことは、チームも同じです。チームが目標を意識し、一丸となり、共に前に一歩を踏み出す時にこそチームとしての力が発揮され、目標に近づいていくことができるのだと思います。そんなチームの一歩、利用者さんの一歩、家族の一歩を踏み出すために、私たちの「促進力」が鍵を握っているのではないでしょうか。

　質問力、創造力、調整力、促進力の4つが、私たちが言葉にできる援助の最も大切な力です。一言で言ってしまえば、本人の言葉を引き出し、そこから本人の望む暮らしの実現を創造し、そこで待ち受けるさまざまな困難を調整し、目標に向かって前に進めていく、これが私たちのケアマネジャーの援助です。その最初の一歩である、目には見えない力である「聴く」ということ。そしてただ聴くという単純そうで実に難しいことを通じて少しずつ築いていく「信頼関係」。そうした強い信頼関係の中から生まれるのが利用者さんの笑顔です。

　この笑顔を活力にしながらも、そのずっと先の先にある笑顔を守るために私たちは頑張っているのだと思います。

4 ケアマネジャーの苦しみと役割

　ここまでケアマネジャーの仕事について振り返ってきました。序章で端的に看取りにおけるケアマネジャーの苦悩を書きましたが、ここで改めて、私たちが抱える看取りにおける不安や現実、苦しみについて言語化していきたいと思います。

1　看取りに携わるケアマネジャーの苦しみ

　この先の展望が見えずに不安でいっぱいの本人・家族にとって、ともすると暗闇にあかりを灯す希望の星のような存在としてケアマネジャーが登場します。私たちを利用者さんに紹介するさまざまな機関が「ケアマネジャーは広く何にでも対応をしてくれる」と本人・家族に伝えていることが一因なのでしょうが、現実的には、私たちにはできないことも多くありませんか？　制度の縛りや保険者、行政の作るローカルルール、地域課題といったものが大きな手枷足枷となって、当初の期待が大きいだけに「なんだ、こんなものか？」という落胆の度合いも大きくなり、本人の失望もさることながら、私たち自身も自分たちの力の無さに失望を感じてしまう現実があります。

　しかし、私たちは、初めて本人と出会ってから、自分や家族だけの秘密がいっぱい詰まった飾らない生活の場へと案内され、誰にも見せていない自分だけの生活の様子から、冷蔵庫の中身、トイレ事情、預貯金や

財産、家族・親戚の学歴、そして家族間のパワーバランスまで、実に正々堂々とその人の人生とその歩みを聴く機会（チャンス）が与えられます。そういったことのすべてを、1回で聴き取れるわけもなく、必要なことから数週間、数か月、数年というかかわりの中で少しずつ聴かせてもらうことになります。3年かかって、ようやく聴けることもあれば、ずっと聴けない内容だってあります。それは、ケアマネジャーのかかわり方次第とはいえ、本人の「これだけは」という譲れない思いや人生の一部分だけを切り取って、パズルのように、1ピースまた1ピースと情報をはめ込みながら本人の幸せのために前へ、前へと進んでいく……、それはもう気の遠くなるような作業が待っています。

　そうして関係を構築していった利用者さんが終末期を迎えることになった時、医療にすべてをさらわれて（いなくなるわけではないけれど）、何もできない自分を感じた時、これほど大きな失望はないと思います。長い付き合いであればあるほどそれは顕著でしょう。例えば、こんな具合に。

　始まりは、要介護者の夫（80）と主介護者である年の離れた妻Ｃさん（66）との出会い。夫のケアマネジャーとして関係がスタートします。やがて夫は亡くなり、元気だった妻とはそれを機会にいったん疎遠になりました。それからお会いすることもなく、独り暮らしとなって認知症が進んだＣさんと10年ぶりに再会し、今度はＣさんの担当を任されました。今の主介護者は遠方に住む娘で、依頼の理由は「父が亡くなってから10年、私は母にずっと会っていないし、これからも看れないので、父の担当で本人のことや家の事情を、ある程度知っているはずの元ケアマネジャーに任せたい」というものでした。

　しかし、元気な時のニードと現在のニード、課題は異なります。何よりそこに暮らし生きている人の心や身体の状態、周辺環境は当たり前のように変化しています。また、元気な時に必要なものと病気になった時に必要になるものが異なるように、「したいこと」と「できること」も日々

刻刻と変わっているのです。「したいこと」ができなくなっていく時、人は何かで補おうとします。初めは家族、そして近隣や友人の助け、福祉用具の活用やヘルパーの利用など、わりと単純なサービスの補填でそれまでの生活は成り立ちます。この期間は、ケアマネジャーも骨折と聞けば車いすや住宅改修、リハビリテーション……とわりと迷わず介護保険などの制度や地域の力を利用して「できること」を広げ、生活の維持・向上につなげていくことができていると思います。

　さらに時は過ぎ、以前の当たり前はもうその時の当たり前ではなくなっていき、「自分でしたい」ことは次第に誰かに何らかの形で「やってもらう」または「ゆだねる」ことしかできなくなっていきます。すると、「私らしさ」が加速度的に失われてきたり、不安やストレスも増え、日々の生活の中には喪失が溢れ、希望という光はすーっと消えていきます。「できるだけ今の状態を長く保ち、自宅で今の生活を続けたい……」、限りある資源（お金や制度、マンパワー）を活用し尽くした頃、人はあっという間に苦しみに慣れ、楽しみ方や嬉しいことを喜び味わうという感情を忘れてしまいがちになります。

　苦しみが続くと自分から苦しみに寄り添い離れがたくなり、さらに苦しみが長く続くと自己像がどんどん下がります。そして自己像が下がるとニードは出にくくなります。失望はモチベーションを下げ、病気や状況は悪化の一途をたどる悪循環に陥ってしまいます。こうなってしまうと、もはや家族や地域の力では遠く及ばず、介護保険という1つの制度、1つの保険では到底カバーできなくなり、情報の整理や理解が追いつかないうちに、状況は悪化します。そして、通院もできなくなった頃に在宅を支える医療者が登場。すると、諦めだらけの暗い生活に変化が訪れます。何にも代え難いと思う「健康」を守るため、頼りになる医師が自分の自宅を訪問し丁寧に自分や家族の話を聞き、自宅で診療をしてくれます。医師から連絡を受けた薬剤師は、薬を整理し、丁寧に薬剤の説明や飲める工夫をしてくれます。同じく看護師は医師の指示のもと、身の回り

のことから、誰もが負担となるであろう排泄の管理、そしてリハビリまで行ってくれるようになりました。痛みや苦痛から解放された本人・家族は「ああ、今までは何だったのだろう……」という思いにかられ、医療者を救世主のように感じます。その時、本人・家族は躊躇なくチームの舵を医療者に渡すでしょう。そして、チームの要から外れたケアマネジャーは、利用者さんに笑顔が戻るその瞬間、その笑顔が見られないという現実が待っています。

　私たちの元気の源のはずであった利用者さんの笑顔なのに、なぜか切実な孤独を感じたケアマネジャーはチームから孤立し、1人ポツンとカヤの外に取り残されてしまうのです。どうしてこんな風になってしまうのでしょう……。

　看取りという、早い流れや大きな変化を迎える中で、取り残されまいと必死に頑張っているのに、私たちはなぜか置いていかれてしまいます。では、一体なぜチームに置いていかれてしまうのか、その時、私たちに何が起こっているのか、自分の苦い思い出にそっと手を当て、自分に重ねながら振り返ってみてください。

2　看取りになるとチームから外れる

　看取りが近くなると、医療中心の度合いが増して展開がより速くなり、その展開についていけなくなっていることはありませんか。そして知らぬ間にチームから外れていくような……。

　Dさん（92）は、自宅からの外出時に玄関前で転倒し左大腿骨骨折をされて介護保険を新規申請しました。リハビリテーション病院のMSWより事業所に依頼があり、私はDさんと家族に会うことになりました。出会った当時のDさんは健康が自慢でした。退院後は大きな病気もせず元気に長男と過ごしてきました。当時、ケアマネジャーとして駆け出しだった私は優しいDさんと穏やかな長男にたくさんの話を聴かせてもらいま

した。いつも笑い声のたえない訪問であったことが思い出されます。以来、共に時間を過ごしていく中で私も一緒に成長をしてきたと思います。そんなある日「肺がん」で優しい長男が急逝され、それまでかかわることがなかった無口で厳しい次男が同居することになりました。Ｄさんは長男を失った悲しみに暮れ、眠れなくなり、ついには自宅内で転倒し骨折をしてしまいました（右大腿骨頸部骨折）。この日を境に状況は一変しました。入院中に認知症の症状が進み、退院後も落ち着かずデイサービスは認知症対応型に変更。通院ができなくなり、長年通い続けたかかりつけ医に相談をすることもなく、次男が何の情報も持たずに窓口に相談に行き、訪問診療が導入されることが決まり、新しい主治医の指示で訪問看護と訪問リハビリが入ることになりました。そしてある日、高熱が出て救急車で搬送された病院で腹部のレントゲンを撮った際に偶然、肺がんが発見され、瞬く間に緊急会議と病院の都合によるチームが招集されました。急に決まった日程に調整が効かず、会議に参加できなかった私は、それ以来、乗り遅れたそのチームと早い展開についていけなくなりました。退院の日は知らぬ間にやって来ました。そして病状の悪化のため訪問看護・リハビリは医療保険の指示でした。ベッドなど主な福祉用具は購入されていたため介護保険で借りているのは玄関の手すりのみとなりました。あっという間に医療一色の生活へ、私に対する相談や報告はどこからもこなくなりました。こちらから問い合わせても、家族に直接聞いてくださいの一点張りで、次男に電話をしても「看護師に相談をしているので大丈夫」と電話を切られ、訪問を申し出ても「今は大丈夫」と入れてもらえなくなりました。ほどなく寝たきりとなったＤさんのお宅からはいつの間にか手すりが外され、福祉用具の事業所から引き上げ終了の連絡が月末に入るまで、私はその状況すら知ることができなかったのです。福祉用具の貸与がなくなり、介護保険の利用が終了と悟った私は思い切って連絡をしたのですがつながらず、後になってＤさんが療養型の病院で息を引き取られたことを知りました。

　キーパーソンの変更、病状の悪化、そして医療保険中心となるターミナル期、さまざまな要因でチームから外れるケアマネジャーの役割は一体どこまでなのでしょうか。この頃の私は「ケアマネジャーに何ができるのか」と自身の存在意義について自問自答することしかできませんでした。

3　ケアマネジャーはカヤの外？

　チームから外れるわけではないけれど、やはり展開に取り残されたり、ついていけなくなることはよくあります。とりわけ、定期巡回が入ることでケアプランが機能しなくなると、より私たちの混乱の度合いは高まります。

　Eさん（80）は、早くに夫を胃がんで亡くし、女手1つで2人の息子を育てあげた苦労人でした。性格はとても明るく、いつも元気に外に出て、世のため人のために働き続け、周囲からの信頼も厚く、商店街の人気者でもありました。

　そんなEさんでしたが、ある日身体の不調を訴え、検査入院したところ、夫と同じ末期の胃がんだとわかりました。夫だけでなく、長男も胃がんで亡くしていたEさんは何となく予感がしていたのか、看護師に「私の本当の病名は何？　知っているでしょう、教えて」と聞いていました。しかし、一緒に暮らす次男は「母には重すぎて、受け止められない」と胃がんの告知に反対をされたのでした。退院当初は介護保険で訪問看護と介護が入り、私はケアマネジャーとしてEさんの支援にかかわりました。

　いつも元気で明るいEさんは、退院後しばらくは出かけて行って、馴染みの場で親しい友人とおしゃべりを楽しんでいましたが、2か月が過ぎた頃から、がんの勢いが増していきました。外に出るには付き添いが必要となり、車いすに乗って社交場に週に1度出かけるのがやっとの状態に、そしてついには吐血。あっという間に座っていることもできなくな

りました。食事も口からは摂れず、ヘルパーと看護師が定期巡回で日に何度も入る生活へと変化していきました。医療保険が本格的に使われ出し、定期巡回に切り替わったことをきっかけにしてケアマネジャーのケアプランは機能しなくなっていました。今、何が起こっているのか、誰がいつどのように入っているのかがわからなくなってしまったのです。ケアプランの中にあるはずの定期巡回の目標や訪問スケジュールはみるみる変化し、ケアマネジャーだけが取り残されていきました。福祉用具の変更は看護師から連絡がくれば良いほうで、いつしかケアマネを飛び越して福祉用具の業者に先に連絡が入るようになりました。Eさんに寄り添おうにも、いつ訪問して良いのかすらわからない状態になりました。担当者会議はいつ開くのか、現状はどうなのか、わからないままに時は過ぎていきました。そして、Eさんが嫌っていた病院への入院となり、病院で最期を迎える準備に入ったのです。もう、そこにはケアマネジャーの居場所はありませんでした。Eさんらしさも伝えることはできずに、訪問看護と病棟看護師、訪問診療と病棟医師が連携を図り、引き継ぎがされていきました。その頃、もうEさんの面会は自由にできない状態となっており、家族以外の立ち入りは禁止となりました。完全にケアマネジャーは不要な状況となったわけです。この結果、Eさんは望まぬ最期を病院で迎え、親しかった友人や知人の誰にも見送られることなくひっそりと家族葬で弔われていきました。このことは、Eさんが亡くなった数週間後に商店街の方から教えてもらい知りました。いつの間にか、ケアマネジャーはチームのカヤの外となっていたのです。お別れのご挨拶もできず終いで今に至っている悲しい現実だけが残されました。

　Eさんは「自宅で最期を過ごしたい」「商店街の人たちに最期を送ってもらいたい」「賑やかな最期がいい」と常々話されていました。これをチームで共有すべき私が、定期巡回の動きに振り回されて、このEさんの大切な思いを誰にも伝えられなかった当時の自分を振り返ると、自責の念で今も胸が痛くなります。

4　不完全燃焼

　　不完全燃焼というからには、燃焼しきれない理由がそこにはあります。

　　本人の生活から締め出されてしまう時、それはきっと「望まれていない存在」であるからなのでしょう。それは正しいとか、正しくないではなく、良い、悪いでもないのだと思います。平たく言って相手に「望まれていない」だけなのです。その理由はさまざまです。本人にとっての支えになれていないから、家族から望まれていないから……。いずれにしても、本人・家族からシャットアウトされた時、私たちは燃え尽きることすら叶いません。燃え上がるにはまず相手の存在こそが必要なのですから。

　　Fさんは95歳の女性で独り暮らし。結婚はせず、子どもはいません。長年、関節リウマチを患いながらも、父から譲り受けた不動産を運用し、生活に不自由はありませんでした。気ままな独り暮らしがお気に入りで、たばこにお酒に宗教にと自分らしいスタイルを貫き、自宅アパートの3階をバリアフリーにリフォーム。やがてくる最期の時に備え万全な準備を整えている「はず」でした。

　　Fさんは生まれ育ったこの地域が大好きで、いつも口癖のように「私は最期まで自由気ままにここでこうして暮らすのよ」と、たばこをくゆらせながら、ソファーに腰掛け、微笑んでいました。

　　ところが、90代も中盤にさしかかった頃に大きな変化が現れ始めました。近所の友人や知人が1人、また1人と亡くなり、広い敷地を継いだ若い世代はその土地を売って離れていきました。広い敷地は売却され、マンションや建て売りの住居が並び、大好きだった街並みが変貌していく有様にFさんは寂しそうにされていました。長年、診てもらっていた主治医にも先立たれ、信頼できる医者も友人も知人もみんないなくなってしまいました。誰も家を訪ねて来なくなり、次第に外出を避け、家に閉じこ

もり始めた頃からFさんはふさぎ込むようになっていきました。そんなFさんの家に1人の姪が足繁く通ってくるようになり、Fさんは少しずつ元気を取り戻していきました。しかし、1年ほど経った頃、せっかくだからと姪に相続の相談をしだした頃からすべての決定権はゆらいでいきました。そしてある日のこと、Fさんの養女になったという姪からの電話に私たちは驚きました。「来週、うちの近くの施設に入所します」。突然の展開に茫然としながらも、「入所前にFさんにお会いしたい」と伝えると「もうお試しで施設に行っていますから」との返事。

　それはあまりにも突然のお別れでした。最期までここで暮らすのよと言っていたFさんは施設への入所にちゃんと納得しているのだろうか、それでFさんは幸せなのだろうか……。答えの聞けない問いがいつまでも胸の奥でくすぶっています。

5　私には何もしてあげられることがないと感じる

　死にゆく人を前にした時、その苦しみに寄り添うのは容易なことではありません。特に間接援助職である私たちは、介護職や看護職のように直接的な援助でその身体的な苦しみを取り除くこともできません。無力さは、時に私たちを後ろ向きにし、逃げ出す口実を与えてくれます。

　67歳のGさん（男性）は、年老いた母と2人暮らしでした。

　ALSを患い、いつも何かに腹を立てていたGさんに、私は初めて出会った時から怒鳴られ続けていました。何かの役に立てているとしたら、八つ当たりの矛先になれていることなのかな、といつも自分を励ましながら訪問していました。怒りの内容は多職種への愚痴で、なかには聴くに堪えないような罵詈雑言もありました。多職種への理不尽な要求は次第にエスカレートしていき、次々と担当者は辞め、次に頼む事業所にも困るようになってきた、そんなある日のことです。ケアマネジャーである

私も、とうとう「Gさんから逃げ出したい」と心の片隅に思い始めてしまったのです。病状はどんどん進行し、目に見える変化が次々と襲ってきました。日に日にできていたことができなくなっていく、自分が自分でなくなっていく、その喪失感や苛立ちから、Gさんはますます怒りに溢れ、ケアマネジャーに向けて怒りを爆発させました。

　ある日、訪問していた時に、看護師さんにはお礼は言っても文句を言わないことに気がついたのです。このあからさまな態度の違いに茫然としながらケアマネジャーは思い切って提案します。「残念ながら私には何もできることがありません。ですから、頻繁に訪問をしてくださっている訪問看護ステーションのナースに、ケアマネを交代し兼務してもらおうと思います」。

　すると「お前は何もわかっていない！！」とGさんは顔を真っ赤にして怒り、「帰れ！　もう二度と来るな！」と怒鳴られました。私はGさんに別れを告げて逃げるように帰ってきました。そして、その数日後Gさんは入院されて、そのまま永遠の別れとなってしまったのです。

　私たちは基本的に「誰かに何かをしてあげることに喜びを感じる職種」ではないでしょうか。困っている人には手を差し伸べたい、困っている人は放ってはおけない、そんなお節介な人が多いと思います。

　だからこそ、この面倒極まりない（と言われる）ケアマネジャーという骨の折れる複雑な職業を選んでいるのではないかな、と私は思っています。そんな私たちだけに、看取りに際して、直接的にしてあげられることがないと、ことさらに「何もしてあげることができない」と感じてしまうのではないでしょうか。確かに私たちにできることは限られています。看取り期にできることは「ただ傍に居て見守ること」。でも、実はそれこそが何より大切なことかもしれないのです。

　このように考えてみると、ケアマネジャーが看取りに際して感じる苦しみは複雑な構造ともいえますが、第3節まで書いてきたとおり、私たち

には本人の声を「聴く」という最も本質的なかかわり（支援）があることを忘れてはいけません。これをベースにしながら、そして、第2章で解説する「苦しむ人への援助と5つの課題」をきちんと押さえることで、私たちにできることがきっと見えてくるはずです。

　看取りと聞くと、苦手感を挙げられるケアマネジャーも少なくはないでしょう。そして医療連携と聞くと、どちらかというと不得手であったり、自分では大丈夫と思っていてもチームから頼りにされなかったりすることもありませんか。だって私は福祉職だから……、まだまだそういう声がそこかしこから聞こえてくるような現実があります。

　けれども、もうそんなことを言っている場合ではありません。ますます在宅での看取りが増える中で私たちがしっかりとした看取りの支援を行えないと、望まない最期を迎える利用者さんが増えてしまうことでしょう。ケアマネジャーが行う看取りの支援は待ったなしの現実。そして、私たちが自信を持って看取りにかかわれるようになることは、地域の大きな財産となるのです。

第2章

ケアマネジャーとして考えたい
対人援助の基本
苦しむ人への援助と5つの課題

ケアマネジャーとして知っておきたい対人援助の基本を、この章で紹介します。
ここでは、特に死を前にした苦しみを抱えた利用者さんと
その家族への援助について、具体的に何をすると良いのかを、
ベテランケアマネジャーのリカさんと
新人ケアマネジャーのケイコさんとの対話から
学んでいきたいと思います。

1 援助的コミュニケーション

本章では、対人援助職が身につけておきたい「苦しむ人への援助と5つの課題」について、序章に登場した新人ケアマネジャーのケイコさんとベテランケアマネジャーのリカさんの対話を通して学んでいきます。

1　反復

新人ケアマネジャーのケイコさんは悩んでいました。先日、利用者さんのお宅に訪問して、サービスの調整を行った時のことです。それまでは、1人で家の中を自由に歩くことができていた利用者さんが、転倒して腰を痛めたため、ケイコさんは介護用ベッドを入れてはどうかと提案しました。しかし、利用者さんの娘さんからひどく叱責されました。そして娘さんの言った次の言葉が心にグサリと刺さりました。

「あなたに私たちの苦しみがわかるはずない」

ケイコさんは、自分が何か悪いこと言ってしまったのかな、と悩みました。いつも一生懸命、利用者さんのことを思いやっているつもりなのに「あなたに私たちの苦しみがわかるはずない」と言われてしまい、どうしてよいかわからなくなりました。

ある日、ケイコさんは、先輩ケアマネジャーのリカさんに尋ねてみました。

「先輩、私は、今まで相手の立場に立って考えれば、相手の苦しみに気づくことができると信じて現場で向き合ってきました。でも、先日、『あな

たに私たちの苦しみがわかるはずない』と怒られてしまいました。私、一体どうしたら、相手の苦しみを理解することができるのでしょうか？」

　先輩ケアマネジャーのリカさんは、ケアマネ歴20年を迎えるベテランです。後輩のケイコさんに対して次のように答えました。

リカ	ケイコさん、その娘さんから大切なことを教わりましたね。私たちは、相手の立場に立って考えれば相手の苦しみを理解できると考えてしまいがちです。でも、本当に私たちは相手の苦しみをすべて理解することができるのでしょうか？
ケイコ	確かに、そう言われると……。
リカ	この図を見てください。

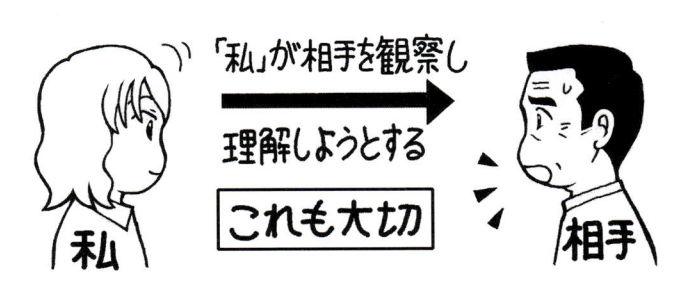

リカ	これは、「私が相手を理解しようとする」という図です。まずは目の前に苦しむ人がいたら、大丈夫ですか？　と気遣い、理解しようとすることが大切ですね。
ケイコ	はい、私もそう思って理解しようとしてきました。
リカ	でも、私たちはどんなに相手の立場に立って考えても、相手のすべては理解できません。所詮は他人ですから。
ケイコ	そんなことを言ったら、私たちはどうしたらよいのでしょう？
リカ	確かに私たちは他人で、相手の苦しみのすべてを理解することはできないかもしれません。でも、ここで発想を変えてみたいと思います。つまり、私が相手を理解することで

	はなく、相手が私を理解してくれた、わかってくれた、と思えたら良いという発想です。
ケイコ	相手が私を……？
リカ	はい、大切なことは、私が主語ではなく、相手を主語にして考えてみることです。
ケイコ	相手を主語に？
リカ	ここで鍵となる言葉を紹介します。これは、私がこの仕事を通して学んできたことで、最も大切なことの1つです。

> 苦しんでいる人は、自分の苦しみをわかってくれる人がいると嬉しい。

ケイコ	何となく、その意味、わかります。私も苦しい時、自分の苦しみをわかってくれる人がいたらどれだけ救われるかといつも感じていました。
リカ	そうなんです。大切なことは、私が相手を理解することではなく、「相手が私を理解してくれた」と思うことなのです。

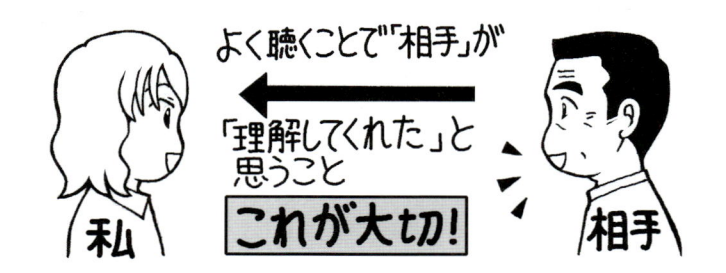

ケイコ	リカ先輩、何となくわかるのですが、私、どうしたら相手から見て、理解してくれた人になれるのでしょうか？
リカ	とても大切なポイントですね。では、次の3択から考えてみてください。

問：苦しんでいる人から見て、次の3人のうち、自分のことを最も理解して
くれたと思うのは誰でしょうか？

1. がんばってね！　と励ましてくれる人
2. 相手を注意深く観察して理解してくれる人
3. 相手の話を聴いてくれる人

ケイコ	うーん、今までは2番が正しいと思ってきたけれど、娘さんの言葉を聞いてショックだったから、改めて考えてみると3番かな？
リカ	正解は3番ですね。ケイコさんすごい！
ケイコ	それほどでも（笑）
リカ	少し安心したわ。先日の小学校の授業の時の生徒さんの答えと同じだったから。
ケイコ	えー、私、小学生並みなんですか？
リカ	そんなことありませんよ。子どもだって直感として、聴くことは大切であると感じています。でも聴くことって簡単なようで難しいのです。
ケイコ	聴くことは、誰にでもできることで、特に資格を必要とせず、簡単なことにも思えますが……。
リカ	確かに、聴くことに資格はいりませんね。何の資格もない子どもでもできることです。でも、実は、簡単なようで、聴くことはとても奥深いことなのです。 では、話を元に戻して、どのような聴き方をすれば相手から見てわかってくれる人になれるのでしょうか？　次ページの図を見てください。

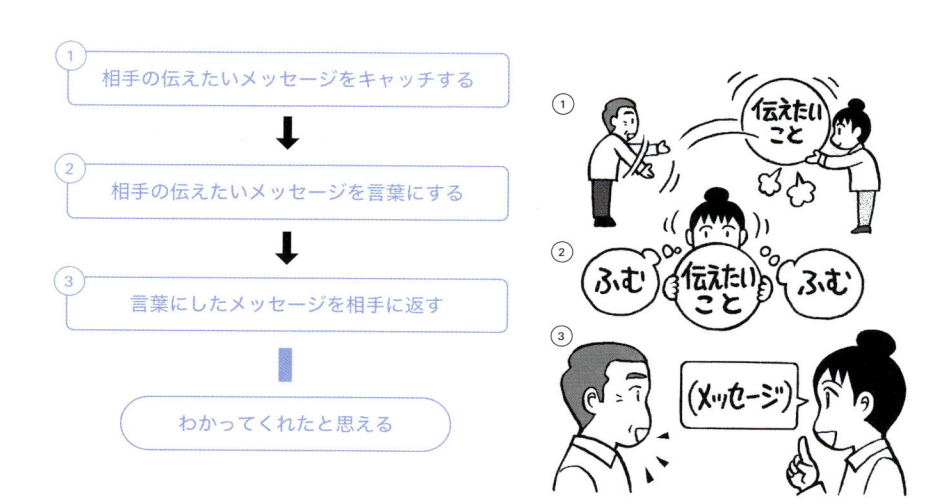

リカ	まず苦しんでいる相手には、その人自身の「伝えたいこと」があります。こちらは「相手の伝えたいメッセージをキャッチ」しようとします。ここが簡単なようで難しい。
ケイコ	相手の伝えたいメッセージをキャッチすることが難しいのですね。なぜ難しいのですか？
リカ	それは、相手を理解したと思った時、私たちは相手の話を聴かなくなるから。
ケイコ	確かに相手を理解したと思った時、また同じ話をしていると、話を聴かなくなることはわかるような気がしますね。
リカ	そして、苦しんでいる人は、誰にでも苦しみを話すとは限らないことです。
ケイコ	ドキっとする言葉ですね。私が担当のケアマネジャーだとしても、本人・家族は私に苦しいことを話さないということですね。
リカ	そうです。つまり、この人には、私の気持ちをわかってもらえないと思った瞬間、相手は心に蓋をして、何を聞かれても「大丈夫」としか答えなくなるでしょう。
ケイコ	うーん、確かに。どうしたら良いのでしょう？

第1章

第2章

ケアマネジャーとして考えたい対人援助の基本

第3章

第4章

第5章

リカ　　だからこそ、先ほどの図で紹介しているように、私たちは、「相手の伝えたいメッセージ」を丁寧にキャッチしようとする必要があります。そして、相手の伝えたいメッセージをキャッチできたならば、言葉にして、相手に返すのです。これを反復といいます。

ケイコ　反復ですね。相手の伝えたいメッセージをキャッチして、言葉にして返すのですね。

リカ　　そうです。では早速、練習してみましょう。

演習✓

反 復 の 基 本

次の文章を反復してみてください。その時に、現場で反復する時の約束があります。1つは、メモを取らないこと（あくまで原則としていますが、状況次第で、大切な内容の時にはメモを取って記録に残す必要があれば例外としてよいでしょう）。そして、語尾を「〜ね」、で終えることです。
では、次の3つの文章を反復してみてください。

1. 昨日の夜、眠れませんでした。
（　　　　　　　　　　　　　　　　　　　　　　　　　　　　　）
2. 昨日からお腹が痛いのです。
（　　　　　　　　　　　　　　　　　　　　　　　　　　　　　）
3. なんで病気になったのだろう。家族に迷惑をかけてしまい、早くお迎えが来ないかと思う。
（　　　　　　　　　　　　　　　　　　　　　　　　　　　　　）

リカ　　ケイコさん、いかがですか？

ケイコ　うーん、3番の文章の反復が難しいです。

リカ　　3番の文章の反復が難しいと感じたのですね。どのあたりが

77

難しかったのでしょう？

ケイコ 　相手が自分のことを否定されていますし、「早くお迎えが来てほしい」という言葉を反復するのは、どうしても難しいと思いました。

リカ 　そうですね。実は、研修会などで、この文章の反復の練習をすると、ケイコさんと同じような思いを持つ人は少なくありません。医療の現場で、看取りの経験のある看護師さんも、同じような思いを持つ人が多くいます。

　相手のマイナスの感情を含むメッセージを反復するということは、相手と同じ思いになるのではないかと考えている人が多いようですね。

なんで病気になったのだろう。家族に迷惑をかけてしまい、早くお迎えが来ないかと思う

私も以前から、そう思っていました。あなたが、家族に迷惑をかけるぐらいならば、早くお迎えが来ないかと、私も感じていました

このような言い方になってしまうのではないかと案じて、反復がしにくいと感じている人が多いのです。

ケイコ 　はい、私もそのように感じて、反復しづらかったのです。

リカ 　実は、ここに大きな落とし穴があります。援助的コミュニケーションの基本ですが、私たちは他人であり、相手の本当の苦しみをすべて理解することはできません。そこで私たちがすべきことは、私が相手を理解することではなく、相手から見て、わかってくれる人になることなのです。ですから、

徹底的に相手を主語にした物事の考え方が大切になります。

ケイコ 相手が主語になるのですね。

リカ はい、そうです。つまり、先ほどの3番の文章の反復に主語をいれると次のようになります。

> なんで病気になったのだろう。家族に迷惑をかけてしまい、早くお迎えが来ないかと思う

> （あなたは）なんでこんな病気になったのだろうという思いなのですね。（あなたは）家族に迷惑をかけてしまい、（あなたは）早くお迎えが来ないかなと、（あなたは）思うのですね（私は違うけれど……）

リカ つまり、反復の主語は、相手です。ですから、どのようなマイナスの内容を含む会話であったとしても、相手の発した言葉であれば、反復はOKです。

ケイコ なるほど、でも、やっぱり反復しにくいですね。

リカ ケイコさんはそう言うと思いました。機会があったら、一度、こんなロールプレイをしてみましょう。ケイコさんは、病気のために、それまで自分でできていたことができなくなっていく利用者さん役です。家族に迷惑をかけてしまい、申し訳ない思い、ふがいない思いをイメージしながら、どんな言葉が浮かぶかを考えてみてください。その苦しみから発した言葉に対して、もし相手が不誠実な対応をとったら、きっと悲しい思いになることでしょう。自分の発した言葉に対して、その場しのぎのアドバイスをされても嬉しくはありません。あるいは、自分が発した言葉が、自分が使った

	言葉とは異なる言葉で返ってきても、あまり嬉しくありません。利用者さん役をやってみることで、何気ないやりとりが、違って見えてくることでしょう。
ケイコ	リカ先輩、いつかそのロールプレイをやってみたいです。
リカ	学ぶ機会があると良いですね※。どんなに困難な状況であったとしても、ロールプレイで経験していると、不思議と逃げずに、苦しむ人の言葉を丁寧に聴く自信がつくと思います。
ケイコ	ありがとうございます。ところで、リカ先輩に質問です。よくオウム返しという言葉を聞くのですが、反復とオウム返しは違うのですか？
リカ	大切なことに気づきましたね。確かに、相手の言葉を返すだけであれば、オウム返しでもできますね。でも、あえて私はオウム返しとは言いません。というのも、ただ言葉を返すだけではないからです。返す私たちの態度も、相手に大きな影響を与えているからです。
ケイコ	私たちの態度も、ですか？
リカ	はい。そうですね。1つ演習をしてみましょう。

演習 ✓

あなたは、友人に話したいことがあります。その友人に話しはじめました。
そこで問題です。あなたは話をしていて、
1. どんな相手に安心を感じるでしょうか？
2. そしてどんな相手に居心地の悪さを感じるでしょうか？

ケイコ	うーん、やはり、こっちを見てくれないと居心地が悪いですかね。あと、割り込んで来る人もよくない。一方で、穏やか

※エンドオブライフ・ケア協会で行う2日間の研修会で、ロールプレイを体験できます。
　（エンドオブライフ・ケア援助者養成基礎講座）

な顔でこちらを見てうなずいてくれるだけでも、安心するか
もしれませんね。

リカ　ケイコさん、素晴らしいです。解答例を見てみましょう。

解答例

安心を感じる態度（例）
・こちらを見て、適度に視線を合わせてくれる人
・穏やかな表情で、うなずいてくれる人
・こちらのペースに合わせてくれる人

居心地の悪い態度（例）
・雑誌やスマホばかり見て、こちらを全く見てくれない人
・後ろを向いて寝ている人
・話をしている途中で割り込んできて、自分の意見を言う人
・こちらが悲しんでいるのに、笑っている人

リカ　だいたいケイコさんが指摘された内容ですね。つまり、何気
ないことですが、話を聴く私たちの態度も相手に影響を与え
ているということです。ただ話を聴けば良いのではなく、相
手から見てわかってもらえたと思えるために、私たちの聴く
姿勢も大切にしたいですね。

●安心を感じる態度

視線を合わせ　穏やかに　ペースを合わせて

2　沈黙

ケイコ	リカ先輩、これで、私も良い聴き手になれそうです。
リカ	まだまだこれからですよ。聴き手として基本的なことは紹介しましたが、まだ大切なことをお話していません。次の会話を受けて、聴き手にアドバイスをしてみましょう。

会話例

Aさん：75歳・女性、Bさん：40歳・ケアマネジャー

A1	先日、息子が健康診断を受けたら、どうも心臓が悪いと言われたのです。
B1	息子さん、健康診断の結果、心臓が悪いと言われたのですね。
A2	そうなのです。あの子の父親である主人も、心臓が悪くて若い時に手術をしたことがあって、なんだか嫌な予感がして。
B2	Aさんのご主人も心臓が悪くて、若い時に手術をしたことがあるのですね。
A3	ええ……。
B3	きっと心配ないですよ。息子さん、あんなに元気だし、きっと大丈夫ですよ。 
A4	そうだったらいいけれど……。
B4	大丈夫ですよ。
A5	大丈夫ならいいのに、なんだかね。この気持ち、わかってもらえないね。 

リカ	さてケイコさん、この会話から、聴き手のBさんにアドバイスをしてもらいたいのですが。Aさんは、「なんだかね。この気持ち、わかってもらえないね」と言っています。なぜ、こんな言葉になったのだと思いますか？
ケイコ	そうですね。何となく、私もBさんのように、大丈夫と言う

ことがよくあるので、Bさんの気持ちもわかるのですが、きっと大丈夫と励ましたのが、かえって良くなかったみたいですね。

リカ　そうですね。一見、話を聴いているように見えますが、いったい何が足りなかったのでしょう？

ケイコ　うーん、ちょっと自信がないけれど、A3で、「ええ……」と言葉が続いていないのに、B3で、「きっと心配ないですよ」と言っているところかな。

リカ　そうです。そこがポイントですね。では、聴き手のBさんに、どのようにアドバイスをすると良いのでしょう？

ケイコ　「もう少しAさんが話をするまで待ってみてください」かな？

リカ　正解！　聴き手のBさんにアドバイスをするならば、B3で、「もう少しAさんが言葉を話すまで待ってみよう」ですね。ここでは、沈黙という技法を紹介したいと思います。

> 沈黙とは、相手が、特に大切なことや、重要なことを話し始める時に必要なエネルギーを貯めるための時間を、聴き手である私たちが待つことを意味します。

　沈黙が必要な理由は、人は大切な話を始める時に、エネルギーを必要とするからです。悪い病気が見つかって、家族には言っていなかったけれども、思いきってご主人に話をする時や、心に秘めていた何かをカミングアウトする時など、話を始める時には、大きなエネルギーを必要とします。その間、聴き手が待てると良いのですが、待てずに、こちらから励ましたり、話題を変えてしまったりすれば、せっかく言いかけていた話ができなくなってしまうことでしょう。

ケイコ	私、実はこの沈黙が苦手なのです。私が話を聴いている時、会話が続く時は良いのですが、途中で、相手の話が途切れてしまうことがあって、その間に、何かこちらから、話題を作らないといけないと焦ってしまって。会話が途切れる時、なんだか空気が重たくなるのです。その重たさが、聴き手である私にとっても、苦しくなってしまうのです。
リカ	ケイコさんのような人は多いですね。楽しい話であれば、会話も弾んで、特に沈黙などを意識しないで、話が続くことでしょう。ところが、何か気になることがあって、話が途切れてしまう時には、聴き手である私たちが、相手の言葉が出てくるのを待つ時間＝沈黙が大切になります。
ケイコ	頭ではわかっているのですが、どうしたら待てるようになれるでしょうか？
リカ	それは、「反復」でも紹介しましたが、ロールプレイで利用者さん役をやってみることです。利用者さん役になってみると、意外とこの沈黙は苦に感じないことを実感します。実際にロールプレイを行うと、頭の中に悩み事があれこれ浮かんできます。あれも心配、これも心配、さてどの話をしようかなと悩んでいる状況です。その時に、聴き手の人が待ってくれている時間は、利用者さん役は苦に感じていないのです。ですから、利用者さん役の立場で待ってくれているこの時間の大切さを実感できれば、今度は聴き手として、たとえ沈黙の場面でも、慌てずに相手の話を待つことができるでしょう。

　では、先ほどの会話で聴き手のBさんが沈黙を用いた場合を見てみましょう。

会話例

Aさん：75歳・女性、Bさん：40歳・ケアマネジャー

A1	先日、息子が健康診断を受けたら、どうも心臓が悪いと言われたようなのです。
B1	息子さん、健康診断の結果、心臓が悪いと言われたのですね。
A2	そうなのです。あの子の父親である主人も、心臓が悪くて若い時に手術をしたことがあって、なんだか嫌な予感がして。
B2	Aさんのご主人も心臓が悪くて、若い時に手術をしたことがあるのですね。
A3	ええ……。
B3	……しばらく沈黙……
A4	実は、主人はその後、心筋梗塞を起こして45歳で亡くなりました。まだ息子が中学生の時です。
B4	ご主人、45歳で、心筋梗塞で亡くなったのですね。
A5	はい、実は息子も現在45歳で、主人と同じ年になりました。だから、主人が迎えに来たのではないかと急に不安になって……（涙）
B5	息子さんも45歳で、ご主人が亡くなった年と同じ年になったのですね。だから、ご主人が迎えに来たのではないかと、急に不安になったのですね。
A6	そうなのです。こんなこと、誰にも言えなくて、ずっと1人で悩んでいて。話ができて、少し楽になりました。ありがとうございます。

リカ　いかがでしょう。今度は聴き手のBさんは、B3で沈黙し、Aさんが話し始めるのを待っていました。すると、実は、ご主人が45歳で亡くなったこと、息子さんも亡くなったご主人と同じ45歳になったことを話し始めました。先ほどの「沈黙」がない会話とは異なりますね。

ケイコ　はい、だいぶ会話の展開が異なりますね。では、沈黙が長い時、どのぐらい待てば良いのですか？

リカ	確かに反復した後、相手の言葉が出てこない時にどのくらい待ったら良いのかと悩むことがあるかもしれませんね。実際、現場では2〜3分待つこともあります。ただあまりにも長い場合には、相手が心の中で考えている内容をなるべく変えないようにしたいので、次の言葉をかけてみたいと思います。

長い沈黙が続く時

「今、どんなことを考えていたのでしょう？」

これならば、心に浮かぶ気がかりについて話しやすくなることでしょう。「実は……」と話が続けば良いですね。その一方で、「いや、何も……」という場合には、もしかすると、その悩みは、誰にも話をしたくないのかもしれません。戦争体験であったり、人生で思い出したくない負の出来事であったり、気がかりはあるものの、そのことは墓場まで持っていきたいと考えている場合には、その思いを大切にすることも援助の在り方の1つです。私たちは、援助者として、相手から見て、わかってもらえたと思われる姿勢が大切になるのです。

3 問いかけ

ケイコ リカ先輩、今まで習った反復や沈黙が、大切なことはわかるのですが、場合によっては、一緒に聴いていて、相手も私もどんどん落ち込んでしまい、暗い気持ちになってしまうのではと思うのです。そのようなことはないのでしょうか？

リカ ケイコさん、大切なことに気づきましたね。相手の話を反復や沈黙を使って丁寧に聴いていて、徐々に話の内容が暗くなっていくことがあります。あれもできなくなった、これもできなくなったという話です。その中で、だんだんと気持ちが暗くなったとしても、その一方で、こんなことがあったと笑顔を取り戻す人もいます。しかし、みんながそうではありません。どれほど話を聴いたとしても、1つひとつできなくなっていく相手の苦しみを一緒に味わうことしかできないと感じる場面もあることでしょう。

ケイコ そんな時、どうしたら良いのですか？

リカ 目の前の人がたとえ大きな苦しみのため、気持ちが落ち込み、絶望と思える状況にあったとしても、次の瞬間に穏やかになれる可能性を探りながら、かかわることができると良いですね。

ケイコ そんなこと、できるのでしょうか？

リカ はい。どれほど大きな苦しみを抱えたとしても、穏やかになれる可能性は必ずあります。ここでは、後で紹介する"支え"という考え方が大切になります。端的に言えば、"支え"によって人は、負の出来事（病気、ケガ、困難、悲しみなど）がありながらも、正の感情（嬉しい、楽しい、穏やかなど）を持つことができるのです。ここでは、"支え"を引き出す「問いかけ」という技法を紹介しましょう。

問いかけとは、一般的に、思いを明確化する方法として紹介されますが、ここでは、「今まで気づかなかった自分の支え」を意識させることを目的とします。

リカ	ちなみに問いかけは、取り扱い注意です。
ケイコ	取り扱い注意ですか？　何か危険物のようですね。
リカ	はい、そうなのです。というのも、その人との信頼関係がきちんと構築されないまま安易に問いかけを使うことで、かえって関係性を悪くする可能性があるからです。ですから、まずは丁寧に相手の苦しみや気がかりを反復と沈黙を用いて聴いていきたいと思います。
ケイコ	リカ先輩の説明を聞くだけならば簡単そうに思えるけれど、実践するのは難しそうですね。
リカ	ええ、簡単ではありません。でもこれも、ロールプレイで利用者さん役、聴き役、観察者役をやってみると、実践するためのヒントがいろいろ見えてくるでしょう。

　では、具体的な問いかけの方法をいくつか紹介しましょう。ここでは、すでに本人の苦しみを丁寧に聴いて、信頼関係が構築されていることとします。

会話例

人 生 の 振 り 返 り を 問 い か け る

Cさん：末期がん患者、Dさん：聴き手

C1	今までは健康が当たり前で、病気1つしなかったのに、なんで、この年になってこんな身体になったのだろう？
D1	今までは健康が当たり前だったのですね。病気1つしなかったのに、なんで、この年になってこんな身体になったのだろう、という思いですね。
C2	そうなんです。何でだろうと……（涙）

第1章

第2章
ケアマネジャーとして考えたい対人援助の基本

第3章

第4章

第5章

D2　何でだろうとの思いですね。ところで、Cさんはどちらの生まれですか？

C3　私は、山形です。

D3　山形ですね。山形のどちらですか？

C4　鶴岡です。

D4　鶴岡ですね。おいくつまで鶴岡にいたのですか？

C5　50歳までいました。主人が早くに亡くなって、子どもたちのいる横浜で暮らすようになったのです。

D5　50歳まで鶴岡ですね。ご主人が早くに亡くなられたので、お子さんたちのいる横浜で暮らすようになったのですね。鶴岡と言えば、庄内平野、湯殿山があって、北には鳥海山を望み、海沿いには湯野浜温泉があって、赤川の花火大会はきれいですね。

C6　はい、あの花火大会は本当に楽しみでした。よく小さい頃には家族で湯野浜温泉にいきました。

D6　Cさん、何だか顔が明るくなりましたね。

C7　昔のことを思い出すと、何だか嬉しくなりますね。

ケイコ　へぇ。聴き手のDさんが何も励まさないのに、Cさんの顔の表情が明るくなっていくのですね。

リカ　はい。そこが、大切なポイントです。まずは、相手の苦しみを反復を用いて丁寧に聴くこと。そうやって、信頼関係が構築されていく中で、どのような問いかけを行うかが課題になります。この会話のように、人生の振り返りを問いかける技

ケイコ	法は、比較的簡単なので、ぜひ、一度試してみてください。
ケイコ	はい。人生の振り返りを問いかけるだけでも、笑顔になれるのであれば、私もぜひやってみたいです。
リカ	良い心がけですね。その問いかけをする場合、1つだけアドバイスがあります。できれば、相手がどこの生まれであったとしても、共通の話題で会話ができるように、各都道府県の郷土料理や名物の知識があり、方言や御国自慢などに精通しているとベターです。
ケイコ	はい、なんだか急にハードルが高くなった気がしますが、故郷の話をすると笑顔になることは、現場で実感してきました。

苦しかった時の支えを問いかける

リカ先輩	他にはどんな問いかけがあるのでしょうか？
ケイコ	リカ先輩、他にはどんな問いかけがあるのでしょうか？
リカ	そうですね。故郷の話は、比較的簡単です。もう少し高度な問いかけの例として、苦しかった時に支えになったものを問う技法を紹介しましょう。
ケイコ	苦しかった時の支えですね。
リカ	はい。この問いかけの意図は、こちらが知りたいことを質問することとは異なり、本人が本来持っているもので、普段は気がつかない大切なことについて、話を通して気づくような仕掛けを意識します。次の会話を見てみましょう。

会話例

苦しかった時の支えを問いかける

Eさん：末期がん患者、Fさん：聴き手

E1	今までは、1人で何でもできていたのに、昨日は、1人でトイレに行こうとしても、間に合いませんでした。

第1章

第2章
ケアマネジャーとして考えたい対人援助の基本

第3章

第4章

第5章

F1 今までは、1人で何でもできていたのですね。昨日は、1人でトイレに行こうとしても、間に合わなかったのですね。

E2 そうなのです。本当はね、家族には迷惑をかけたくなくて、必死に治療を続けて来たのです。でも、もう1人でトイレに行けない。こんな身体なら、いっそのこと、早くお迎えが来ないかなんて考えてしまいます。

F2 家族に迷惑をかけたくない思いですね。必死に治療を続けてきたのですね。でも、もう1人ではトイレに行けなくて、いっそのこと早くお迎えに来ないかと考えているのですね。

E3 はい、もう本当に情けない……。

F3 もう、本当に、情けない……、という思いですね。

Eさんは、初めてこの病気を知った時、どんな思いだったのでしょうか?

E4 そりゃ、もう頭の中、真っ白でした。今まで大きな病気なんてしたことなかったし、健康が当たり前だと信じていたから。

F4 頭の中、真っ白だったのですね。今まで大きな病気をしたことがなく、健康が当たり前だと信じていたのですね。

E5 はい、今までは健康だけが取り柄だったから。

F5 今までは、健康だけが取り柄だったのですね。そのEさんが、この病気になって、ずっと闘ってきました。闘病中、つらかったことはありますか?

E6 やはり抗がん剤の治療ですね。食欲がガタンと落ちてしまい、そして、何にもやる気が出なかった。

F6 食欲がガタンと落ちて、何もやる気が出なかったのですね。

E7 はい、何にもできなかった。

F7 何もできなかったのですね。

その苦しい時、振り返ってみて、支えになったものはありますか?

E8 うーん、やはり家族かな。特に孫のこと。

F8 お孫さんですね。

E 9 　そうです。もし、孫がいなかったら、もういつ死んでもいいと思っていた。でも、孫のことを思うと、もう少し生きていたいと、心から思いました。

F 9 　お孫さんがもし、いなかったらいつ死んでもいいと思っていたのですね。でも、お孫さんのことを思うと、もう少し生きていたいと心から思ったのですね。どんなお孫さんですか？

E 10 　かわいいね。とにかくかわいい。それに優しいね。

F 10 　かわいくて、優しいお孫さんですね。そのお孫さん、どんな大人になってもらいたいと思いますか？

E 11 　今のままでよいです。優しい気持ちが一番大切だと、この病気になってわかりました。どれほど優秀であっても、苦しい時、困っている時に嬉しいのは、暖かい心でかけてくれる何気ない一言だったから。

F 11 　優しい気持ちが一番大切ですね。そのような大人にお孫さんがなってくれるといいですね。

E 12 　ありがとうございます。なんだか、孫のことを考えたら、少し気持ちが落ち着きました。

リカ　　いかがでしょう。聴き手のFさんからの励ましは一言もありませんでした。それでも、丁寧に、聴いていく中で、問いかけの技法を行うと、Eさんは、徐々に笑顔を取り戻していきました。

ケイコ　すごいですね。私もこんな聴き方ができるでしょうか？

リカ　　反復と沈黙は、初心者でも訓練をすれば、ある程度行うこと

ができるでしょう。しかし、ここで紹介する問いかけは、ある程度の臨床経験が求められるかもしれません。それでも、丁寧にその人の苦しみを味わいながらも、その人が穏やかになれる可能性を信じて、苦しかった時の支えを問いかけてみたいですね。それまでとは異なり、顔の表情が明るくなっていくことを体験するでしょう。

これからの安心を問いかける

ケイコ リカ先輩、苦しんでいる人が、自分の支えに気づくことができれば良いのですが、そんな支えはないと言う人がいたら、私はどのように対応したら良いのでしょう？

リカ とても大切なポイントですね。その人が苦しかった頃を振り返りながら、その時の支えになったものを問いかけると、多くの人は、自らの支えに気づきます。しかし、みんなが同じではありません。他人に頼らず、困難な状況でも、自分の力で生き抜いてきたことを誇りにしているような人もいます。その人は、その生き方そのものが、その人の支えになっています。そういった人には、これからの安心をうかがう問いかけを行ってみましょう。

会話例

これからの安心を問いかける

Gさん：末期がん患者、Hさん：聴き手

G1 本当はね、自分で盆栽の手入れをしたいのです。

H1 本当は、ご自身で盆栽の手入れをしたいのですね。

G2 もちろん。この盆栽は、私が20代からずっと世話してきた大事な盆栽なのです。ですから、病気になっても必死にリハビリして世話をしてきたのです。

H2	この盆栽、Gさんが20代からお世話してきた大事な盆栽なのですね。ですから、必死にリハビリをしてきたのですね。
G3	そうなのです。でも、もう右手がしびれてうまくハサミが使えない。なんでこんな腕になったのだろう。いくら先生が説明してくれたって、この右腕は自由に動いてくれない。悔しくて、悔しくて。
H3	右手がしびれて、うまくハサミが使えないのですね。なんでこんな腕にという思いですね。悔しい、悔しい思いですね。
G4	……。
H4	……（沈黙）。
G5	もう盆栽もできないこんな身体なら、早く楽に逝ってしまいたいね。
H5	もう盆栽もできない、こんな身体なら、早く楽に逝ってしまいたいという思いですね。
G6	（静かにうなずく）
H6	本当は自分で盆栽の手入れをしたいのに、病気のために腕がしびれてハサミが上手に使えず、盆栽の手入れができなくて、悔しい思いですね。盆栽ができないなら、いっそのこと、という思いなのですね。
G7	（静かにうなずく）
H7	大切にされてきた盆栽のことについて、一緒に考えてみたいと思います。これから、どんなことがあれば、大切な盆栽のこと、安心だと思えますか？
G8	できればリハビリして元気になって、自分で手入れしたいと思う。でも、無理なことはわかっている。でも、友人のⅠさんなら、私の代わりに盆栽の手入れをきちんとしてくれるかもしれない。たとえ自分が十分な手入れができなくなっても、Ⅰさんならば、盆栽が何なのかもわかっているし、私が大切にしてきたこの盆栽も、きちんと心を込めて手入れしてくれると思う。この身体になって、ようやくそう思えるようになりました。
H8	友人のⅠさんですね。Ⅰさんならば、Gさんが大切にしてきた盆栽を、きちんと心を込めて手入れしてくれると思うのですね。私からもお願いしてみましょう。
G9	ありがとうございます。何だか気持ちが落ち着いてきました。

リカ　　ケイコさん、いかがですか？　　自分でやりたいことができな
　　　　いと、とても大きな苦しみのあまり、早くお迎えが来ないか
　　　　と願う人は、実際に少なくありません。しかし、信頼できる
　　　　誰かにゆだね、手放すことができれば、状況は一変します。

ケイコ　リカ先輩、私、もっともっと勉強したくなりました。これまで
　　　　苦しむ人には、何かを説明するか、励ますことしかできてい
　　　　ませんでした。でも、リカ先輩から教えていただいたことは、
　　　　苦しむ人と向き合う上で、最も大切な援助だと思いました。

リカ　　そうですね。実践の現場が一番の先生ではありますが、対人
　　　　援助を体系化して学ぶことは、大切ですね。現場に流されな
　　　　いようにしながら、学び続けることができると良いですね。
　　　　その姿勢を持ち続けることができれば、ケイコさんは、きっ
　　　　と素晴らしい援助者になれますよ。

ケイコ　はい、頑張ります。

2 相手の苦しみを キャッチする

　またもやケイコさんは悩んでいました。先日、利用者さんのお宅にサービスの調整に伺ってきた時のことです。いろいろな提案を利用者さんの家族に説明をしていた時に、利用者さんの娘さんが急に怒り出したのです。

　「私たちのことをいろいろ考えてくれているのは、ありがたいとは思うのだけれども、もう少し、私たちの苦しみに気づく感性を磨いてほしい」

　この言葉を聞いて、ケイコさんは落ち込んでしまいました。どうしたら相手の苦しみに気づく感性を磨くことができるのでしょうか？

　そんなある日、先輩ケアマネジャーのリカさんに尋ねてみました。

先輩、教えてほしいことが
あるのですが……。

何かあったの？

| ケイコ | 実は、先日、利用者さんの家族から怒られてしまったのです。もう少し相手の苦しみに気づいたらどうですか？　なんて言われてしまって。私、どうしたら良いかまったくわかりません。先輩、どうしたら、私、相手の苦しみに気づく感性を磨くことができるのでしょうか？ |
| リカ | ケイコさん、とても大切なことに気づきましたね。どうした |

ら、相手の苦しみに気づく感性を磨くことができるのか？ですね。これは、私がケアマネジャーという仕事で最も大切にしていることの1つなの。なぜかと言えば、私たちのように現場にいればいるほど、大切な感性を失っていくから。

ケイコ　リカ先輩でも、そんなことを考えていたのですね。驚きました。

リカ　そうなのです。経験を積めば積むほど、私たちの専門的な知識が常識となってしまい、介護保険の知識のない人に対しても、平気で専門用語で説明をするようになってしまいます。これでは、良いケアマネジャーとはいえませんね。

ケイコ　はい、肝に銘じます。では、リカ先輩、どうしたら相手の苦しみに気づく感性を磨くことができるのか教えてください。

リカ　そうですね。まずは、そもそも苦しみとは何かを考える必要がありますね。

ケイコ　そもそも苦しみとは？　ですか。

リカ　はい。では、ケイコさんに質問です。

演習✓

次に挙げる3つに共通する苦しみを、子どもでもわかる言葉で、20字以内で説明をしてみてください。
1. 宿題がつらい
2. 朝起きることがつらい
3. 花粉症がつらい

ケイコ　いきなり難問。えー、「つらいこと」が共通だけれど、それって「嫌なこと」かな？

リカ　確かにつらいことを嫌なことと置き換えることができるけれど、宿題がつらくない子どももいますよ。

ケイコ　あー、そうか。では、何だろう。えー、全然想像つかない。

| リカ | では、苦しみとは「希望と現実の開き」であると考えてみましょう。下の図を見てください。線を2本書いて、上の線が希望で、下の線が現実です。そして、苦しみは、希望と現実の開きと考えるのです。 |

●苦しみの構造

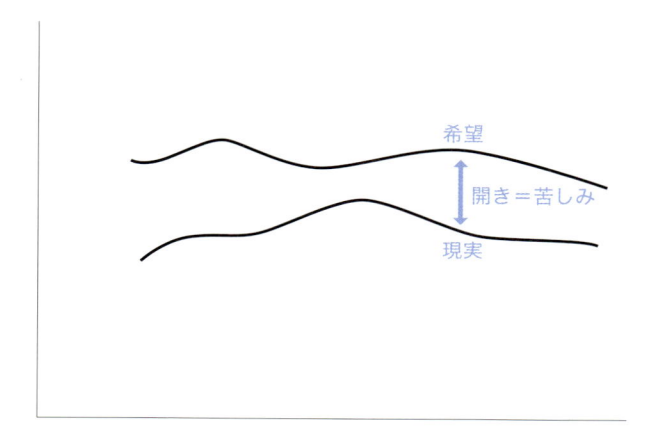

	つまり3つに共通する苦しみは、希望と現実の開きであると考えればいかがですか？
ケイコ	なるほど、リカ先輩、すごい！
リカ	それほどでも。というよりも、これは、人を相手に仕事をする私たちにとって、もっとも大切な視点だと考えて良いですね。宿題がつらい人の希望は？
ケイコ	宿題をしたくない。
リカ	そうですね。希望は宿題をしたくない。では、宿題がつらい人の現実は？
ケイコ	もちろん、宿題をしなくてはいけない。
リカ	そうですね。宿題をしたくない希望と、しなくてはいけない現実の開きが苦しみですね。
ケイコ	はい。すっきりしました。

リカ	では、宿題がつらくない子どもがいるのもわかりますね。
ケイコ	はい。
リカ	どんな子どもが、宿題がつらくないか、わかりますか？
ケイコ	もちろん、勉強が好きな子ども。きっと、宿題も学校にいる間にやってしまうから、家では、もっと他の勉強をすることができる。
リカ	確かに勉強が好きな子どもは、宿題はつらくないかもしれない。でも、それだけでしょうか？　勉強が嫌いな子どもでも、宿題がつらくない人がいるかもしれない。
ケイコ	リカ先輩、そんな人いませんよ。勉強が嫌いだったら、宿題だって嫌いだと思うから。
リカ	ケイコさん、私たちは自分の世界観で物事を見ようとしますね。
ケイコ	はい。
リカ	だから、勉強が嫌いな子どもは宿題が嫌いで、勉強が好きであれば宿題はつらくないと思ってしまう。
ケイコ	はい、それが？
リカ	改めて言いますよ。苦しみは希望と現実の開きですね。つまり、勉強が嫌いな子どもでも、希望と現実の開きがなければ、苦しくないわけです。
ケイコ	？？
リカ	つまり、宿題が出されていても、しないで平気で学校に行ける子どもは、宿題はつらくない、という考えです。もともと宿題をやる気がないので、希望と現実の開きがない。
ケイコ	なるほど。
リカ	このことから、私たちは、何気なく、介護を必要とするから苦しくて、健康で自分のことが1人でできるから苦しくないと思い込んで人を見ていないか？　ということに気づきま

	すね。
ケイコ	そうですね。私、自分の思い込みで考えていたのかもしれない。つまり、相手の苦しみに気づく感性を磨くためには、自分が知りたいことだけを聞くだけでは足りないということですね。
リカ	何気ない相手の言葉や態度に含まれる希望と現実の開きに気づくことができれば、ケイコさんだって、苦しみに気づく感性を磨くことができるでしょう。
ケイコ	リカ先輩、ありがとうございます。明日から、もっと利用者さんや家族の苦しみに気づくことができそうです。
リカ	それは良かった。ただ、苦しみに気づいたら、もう1つ大切なことを紹介しますね。苦しみは、解決できる苦しみと、解決のできない苦しみに分けるということです。
ケイコ	解決できる苦しみと、解決できない苦しみ？
リカ	はい。もし、解決ができる苦しみであれば、職種を問わず、力になることができれば良いのです。介護保険を用いて、それまで苦しんでいた人が、笑顔になれたら嬉しいですね。
ケイコ	もちろん、そのために、いろいろなことを学び、力になりたいと思います。
リカ	しかし、すべての苦しみが解決できるとは限りません。それまで自分のことは自分でできていた人が、誰かの支援を受けなければ生活できない身体となり、「なんでこんな身体になったのだろう、家族に迷惑をかけるぐらいならば、いっそのこと早くお迎えが来てほしい」という訴えを耳にしたことはありませんか？
ケイコ	あります。先日も1人でトイレに行くことができなくなった人に、死にたいと言われてしまい、なんて言葉を返して良いかわからず、適当に励ましてしまったことがありました。

リカ	実際の現場では、このような苦しみがたくさんあることでしょう。つまり、私たちの現場では、苦しみは希望と現実の開きとして、気づくことができれば良いのですが、その苦しみはすべて解決できるとは限らず、どれほど心を込めても、苦しみが残ってしまうことがあるのです。
ケイコ	うーん、確かにこれまで、そんな場面がたくさんあったような気がしてきた。これまで何となく避けていたけれど、もっと意識すれば、きっとそうした苦しみを訴えていた利用者さんがいっぱいいたのだと思います。
リカ	そうですね。気がつかないだけで、解決できない苦しみは、たくさんありますね。
ケイコ	リカ先輩、解決できない苦しみを抱えた人に、私はいったい、何ができるのでしょうか？
リカ	とても良い視点です。解決ができない苦しみを抱えた人には、もう何もできないと思う人も少なくありません。もう私たちにできることはないから、病院に行って診てもらえば良いと考える人もいるでしょう。でも、大切なことは、相手の顔の表情にあります。
ケイコ	顔の表情？
リカ	そう。顔の表情。大切なことは、苦しみがあるかないかではなく、顔の表情が苦しいか、穏やかか、なのです。
ケイコ	苦しみがありながらも、穏やかな顔の表情？
リカ	はい、そうです。そのあたりは、また改めて紹介しましょう。
ケイコ	よろしくお願いします。

3 相手の支えを キャッチする

ケイコ	リカ先輩、教えてください。
リカ	何でしょう。
ケイコ	先輩から、苦しみは希望と現実の開きであることを学びました。そして、苦しみは、解決できる苦しみと、解決できない苦しみに分けることも学びました。私もできるだけ、解決できる苦しみは解決できるように、多職種でいろいろと知恵を出し合うことができるようになりました。
リカ	それは素晴らしいですね。成長しましたね。
ケイコ	ありがとうございます。ただ、どうしても気になることがあるのです。解決ができない苦しみのことです。どれほど心を込めてその人の力になりたいと願っても、病気を治すことはできないし、日に日に弱ってしまいます。トイレに1人で行くことができず、家族に迷惑をかけたくないと悲しげに訴える人の前で、私、何もできなくて……。リカ先輩、私は、解決できない苦しみを抱えた人に何ができるのでしょうか？
リカ	ケイコさん、とても大切なことに気づきましたね。確かに、私たちがどれほど最善を尽くしたとしても、すべての苦しみをゼロにすることはできません。苦しみは残り続けてしまうでしょう。それでも大切なことは、苦しみを抱えた人が、「穏やかに過ごせる可能性が残り続ける」ということです。

ケイコ	苦しみを抱えた人が穏やかに過ごせる可能性が残り続ける？
リカ	私たちは、一般的に嫌なことや苦しいことがあると、マイナス（負）の感情を持ちます。ところが、嫌なことや苦しいことがあっても、プラス（正）の感情を持つ人もいるのです。 次に紹介する詩は、ある患者さんが書いた作品です。末期がんを患い、ある時、早くこの世から消え去りたいと担当の医師に訴えました。何をしてもその気持ちは変わりませんでした。そこで、担当医は、彼女に1つ提案をしました。病気を通して学んだことを、同じ病気で闘っている誰かや、これから社会に出る子どもたちにメッセージとして伝えませんか？ 彼女は一晩考えて、次の詩を書いてくれました。

「病がくれた勇気／カラー」
苦しみは、1人でがんばらなければいけないと思い込んでいた。
わたしの目に映る景色はモノクロだった。
でも、ある日、ほんの少しの“勇気という一歩”を踏み出すことで、
あたたかな手を差しのべてくれる人たちが
こんなにもたくさんいることに気がついた。
その瞬間、わたしの目に映る景色に色がついた。
わたしが、あなたが生きているこの世界は、
明るく・あたたかく・無限に優しい。
だから、1人でがんばらないで。
声にだして仲間を呼ぼう。
ほんの少しの勇気をだして。
この世界が七色に輝きだすから。

Nana

リカ	彼女は、亡くなるまでの間に7つの詩を残してくれました。そして、彼女は、その間、とても穏やかに過ごすことができました。人は、間もなくお迎えが来ると知っていても、穏やかさを取り戻す可能性があります。
ケイコ	すごいですね。読んでいて、心が動くのがわかります。
リカ	同じように、間もなくお迎えが来ることを知っていても、「幸せ」だと言う人もいます。 ディグニティセラピーという心理精神療法があります。限りがある命と知りながらも、自身の人生で大切だと思うこと、誇りに思うことを手紙にして、家族に伝える心理療法の1つです。70代の女性が書いた手紙の一部を紹介します。

> 今は、こんな風に準備期間があって、私は良かったと思っています。
> だってみんないつかは死ぬんだから。大変な思いで治療もしたけれど、
> 急じゃなくて、さよならの時間があって、
> 今これだけ幸せな時間をもつことができて、私はすごく良かった。
> 今までいろんなことがあったけれど、今が一番幸せ！
> 最後にこれだけ幸せって言える！
> だから、お父さんには本当に感謝！ それしかありません。
>
> お父さんのお陰で、今、私は幸せです。
> ありがとう。

リカ	彼女は、間もなくお迎えがやってくることを知っていても、「お父さんのお陰で、今、私は幸せです」と心から伝えていました。大切なことは、負の出来事があったとしても、正の感情を持つことができるということです。
ケイコ	すごいですね。言葉が出ません。このような人たちがいるの

ですね。

リカ　決して一部の人が起こす奇跡ではありません。私たちがかかわるすべての人が持つ可能性です。人は、ただ苦しむのではありません。その苦しみを通して、いろいろなことに気づいていきます。ですから、私たちは、目の前で苦しんでいる人が、その苦しみの中でどのような支えに気づくのか？　という意識を持ちながら丁寧にかかわることができれば良いですね。

ケイコ　その人の支え？

リカ　少し補足が必要ですね。支えというのは、その人が、苦しみがありながらも、穏やかだと思えるための条件のことです。私たちは「その人が穏やかになれる条件＝支え」を探りながら、援助を行うことが大切なのです。

ケイコ　何となくわかるのですが、支えについてもう少し詳しく教えていただけますか？

リカ　もちろんです。支えには、大きな枠組みとして、「将来の夢」「支えとなる関係」「選ぶことができる自由」の3つがあります。その支えを順に紹介をしていきましょう。

1　将来の夢

リカ　私たちは、過去の出来事から、将来の夢に向けて生きようとします。この時間の流れを意識すると、人が困難の中でも強く生きようとする力が見えてきます。甲子園を目指して練習に励む高校球児であれば、どれほど厳しい練習でも、将来の夢を目指して頑張れます。資格を取るために勉強に励む人たちも、将来の夢があれば、くじけません。ケイコさんは、将来の夢はありますか？

ケイコ	うーん、漠然としているのですが、やはり、ケアマネジャーとして、地域で苦しむ人の力になりたいです。そのために、頑張って勉強を続けていきたいと思います。ただ、リカ先輩、若い人たちは、将来の夢があるのはわかるのですが、間もなくお迎えが来る人にも、将来の夢はあるのでしょうか？残された時間が限られてしまっているのに、夢など持つことできるのでしょうか？
リカ	ケイコさんは若い人は、時間がたくさん残されているから、将来の夢を描くことができ、高齢者は、残された人生が少ないので、将来の夢は描けないと考えているのですね。 決してそんなことはありませんよ。たとえ間もなくお迎えが来る人であったとしても、先祖の墓参りに行きたいと希望する人もいます。これだって立派な将来の夢ですね。あるいは、死を越えた先の夢を持つ人もいます。死んでも、天国から孫の成長を見守ることができると思えば、それも将来の夢です。
ケイコ	なるほど、さすがリカ先輩。
リカ	大切なことは、解決ができない大きな苦しみを抱えたとしても、将来の夢を持つ人は、強く生きることができるということです。例えば、ケイコさんが、これから仕事をする中で、困難なことに遭遇しても、日本のどこかでケイコさんを待っている人がいると思えたならば、きっと困難と向き合う力になるでしょう。
ケイコ	そうですね。こんな私でも、日本のどこかに、待っている人がいると思えたならば、頑張れそうな気がします。ありがとうございます。何だか力をもらった気がします。

2 支えとなる関係

第1章

第2章
ケアマネジャーとして考えたい対人援助の基本

第3章

第4章

第5章

リカ　苦しみがありながらも、穏やかになれる支えの1つに、「支えとなる関係」があります。人は1人では、とても弱く、何もできない小さな存在かもしれません。ところが、その人のことを認めてくれる誰かとの支えとなる関係が築かれると、一転して強くなります。

現場では、しばしば本人に療養中の支えをうかがうことがあります。介護が必要になって苦しかった時に支えとなったものを尋ねると、「孫がいたから。まだ孫が小さくて、せめて、この孫が大きくなるまでは、元気でいたいと思ったから、こんな身体になったけれども生きていたいと思いました」と答える人がいます。がんの治療は副作用を伴うことがしばしばあります。「食事が摂れなくなったり、手足がしびれたり、いろいろな苦労があったけれど、いつも家族がそばにいてくれたから、ここまで治療を続けることができました」と話す人もいます。

ケイコ　なるほどですね。家族は、とても大きな支えであり、力になりますね。でも、家族のいない人は、支えとなる関係はないのでしょうか？

リカ　そんなことはないですよ。たとえ家族がいても、支えにならない家族もいます。一方で、身寄りがいない独り暮らしであったとしても、近所の皆さんや、介護の支援にあたるケアマネジャーさん、ヘルパーさんたちが大きな支えになることは、いくらでもあります。

ケイコ　そう言われれば、そうかもしれませんね。家族がいなくても、誰かとつながっていれば、穏やかに過ごすことができるかもしれませんね。これから現場で、意識して、1人ひとりが、誰

	とつながると穏やかになれるか、探してみたいと思います。
リカ	それは、素晴らしいですね。
	実は、ケイコさん、支えとなる関係は、人間だけとは限らないのですよ。
ケイコ	本当ですか?
リカ	はい。例えば、ペットが支えになることがあります。あまり人との交流もなく、デイサービスなどにも行きたがらない利用者さんが、飼っている猫の顔を見るだけで笑顔になることは、しばしばありますね。
ケイコ	はい、私もよく現場で経験してきました。
リカ	人を超えた存在が支えになることもあります。信仰を支えに生きてきた人、太陽や山や海などの自然とのつながりを大切にされてきた人、亡くなった家族や友人を支えとしてきた人などです。
	改めてここで「支えとなる関係」について、おさらいをしてみましょう。人は、1人ではとても弱くて、ちょっとした困難や苦しみがあると、あきらめてしまったり、逃げたくなったりします。ところが、その人のことを認めてくれる誰かとのつながり、支えとなる関係がしっかり構築されていれば、状況は一転します。ですから、私たちは、援助にあたる上で、その人にとって、支えとなる関係にはどのようなものがあるか、注意深く、本人と一緒に探していく姿勢が大切になるのです。

3　選ぶことができる自由
（支えを見つける9つの視点）

ケイコ	リカ先輩。将来の夢と支えとなる関係は教えてもらったのですが、支えには確か3つあると言っていました。3つめはど

第1章

第2章
ケアマネジャーとして考えたい対人援助の基本

第3章

第4章

第5章

んな支えなのでしょうか？

リカ これから紹介する支えは、将来の夢や支えとなる関係と比べ
ると、少し理解しにくいと思うかもしれません。それは「選
ぶことができる自由」といいます。しかし、実際の現場に行
くと、「選ぶことができる自由」の支えは見つけやすいので
はないかと思っています。

ケイコ 理解しにくいけれども、見つけやすいのですね。

リカ そうです。まずは選ぶことができる自由について解説をして
みましょう。

ここでのポイントは、「選ぶことができないと苦しくて、選
ぶことができると穏やかである」ということを意識します。
例えば、希望する場所で療養できないよりは、希望する場所
で療養できると穏やかですね。

ケイコ はい。自宅で療養されていた利用者さんが入院されて、本当
は家に戻りたいと希望されているのに、実際には退院できず
に苦しんでいる人を何人も見てきました。なので、よくわか
ります。特に、やっとの思いで家に帰ってきた人の笑顔は忘
れることができません。希望する場所で過ごせることは、本
当に表情が穏やかになりますね。

リカ そうですね。選ぶことができる自由とは、基本的人権にかか
わる大切なことです。

ケイコ 基本的人権ですね。

リカ はい。でも基本的人権と言われても、あまりピンと来ない人
も多いので、改めて選ぶことができる自由について、考えて
みましょう。苦しみを抱えた人が、その苦しみを抱えなが
らも穏やかになれる可能性を探るという話をしました。つま
り、苦しみを抱えた人が、何を選ぶことができると穏やかに
なるのか？　という視点で、支えを探します。

ケイコ	何となく、見えてきたような気がします。
リカ	そうですね。ここでは、代表的な9つの視点を紹介しましょう。この9つは、選ぶことができる自由を9つに分類するのではありません。あくまで、現場で、苦しみを抱えた人が、穏やかになれる支えに気づくポイントとして、紹介するものです。この9つの視点は、実は覚え方があります。『両親尊き保て役割ゆだねようかな（療心尊希保て役割ゆだね養金）』です。

（1）療養場所

どこで過ごすと穏やかになるかを意識して、療養場所を選ぶことができるように支援します。希望の場所で過ごせることは、穏やかに過ごせる援助になります。

例：利用者さんは、希望の場所である自宅に退院して、入院中には見せなかった笑顔を取り戻すことができました。

（2）心が落ち着く環境・条件

どんなに困難な事例であっても、心が落ち着く環境や条件を探ります。痛みがないこと、大好きな庭を眺めることができること、徹底的に病気と闘うことを選べることなど、人によって環境や条件は異なることでしょう。

例：利用者さんは、それまでと比べて穏やかに過ごせるようになりました。自宅に戻り、好きな時間にテレビを観ることができ、病院では面会制限のため会うことができなかったお孫さんに毎日会うことができ、今まで苦しかった痛みが和らぎ、庭の花を眺めることができたからでした。

（3）尊厳

尊厳を守ることは、人生の最終段階を迎えた人だけではなく、どんな人であっても尊重されるケアの基本です。1人の人間として扱われること、その人の人生で大切にしてきたことや重要なことを知ってもらうことや、

その人が人生で学んだ教訓を、世代を超えて伝えることができた時、穏やかさを取り戻すことができます。特にディグニティセラピーで確認する重要項目を意識しながら、本人の尊厳が守られる配慮をします。

例：利用者さんは、1人で台所に立つことができなくなり、母親として大切にしてきた、家族に料理を作るという役割が果たせなくなりました。しかし、本人が、元気だった頃に、おいしい料理を家族のために数多く作ってきたことを、家族は忘れませんでした。そして、娘さんは、本人が大切にしてきた料理に対する誇りを大切に、かかわるようになりました。本人は、たとえ今は食事が作れなくなったとしても、自分の大切にしてきた料理のことを娘さんに覚えてもらっていることで、気持ちが穏やかになりました。

（4）希望

　希望は、たとえ困難な状況であったとしても、穏やかに過ごせる可能性です。第二次世界大戦中、ナチスの収容所の極限状態でも、希望を持っていた人は、困難な状況の中でも折れない心を持ち、生き抜くことができたことを、ヴィクトール・フランクルは著しています。死を前にした人であっても、さまざまな希望を抱くことができます。その希望を見つけた人は、心の中に灯がともり、笑顔を取り戻します。

例：利用者さんは、生まれ故郷への旅行を希望していました。20歳で故郷を出てから一度も戻っていなかったからです。これ以上の有効な治療ができないと担当医に言われた後、脳裏に浮かんだのが、故郷の風景でした。もう一度行ってみたい。その思いを応援してくれる家族と医療・介護チームのお陰で実現できることになり、利用者さんは嬉しくて仕方がありませんでした。

（5）保清

　身体を綺麗に保つことは、穏やかに過ごせる大切な援助です。特に1人でお風呂やトイレに移動することが難しくなったとしても、保清の維持を本人の希望の手段で行えることは、とても大切な援助になります。

例：利用者さんは、1人でトイレに行くことができなくなりました。それでも、家族にはなるべく迷惑をかけたくない思いがありました。そこで、尿のカテーテルを挿入することにしました。これによって、オムツ交換の頻度が減るからです。たとえトイレの移動ができなくなっても、夜中に家族を何度も起こさなくてすむので、気持ちが落ち着くようになりました。

（6）役割

たとえ衰弱が進んだ状況であったとしても、誰かの役に立ち、自分自身の役割があると思える時、穏やかさを取り戻すことができます。役に立てること、役割があることは、生きがいを持つことです。自分の役割を得た人は、たとえ間もなくお迎えが来ることを知っていても、表情はいきいきしていきます。

例：利用者さんは、定年になり、それまでの仕事を失いました。しかし、新しく地域でのボランティア活動に参加するようになりました。利用者さんは、新しい自分の役割を見つけることができ、いきいきと過ごすことができました。

（7）ゆだねる

人生の最終段階では、それまでできていたことが、1つひとつできなくなっていきます。本当は自分で行いたいことが、身体の衰えによってできなくなっていく中で、大切な選択肢を他の誰かにゆだねること、手放すことができる人は、穏やかさを保つことができます。それまで自分で行ってきた買い物や掃除ができなくなったとしても、ヘルパーさんにお願いできる人は、穏やかに過ごすことができます。

一方で、自分で買い物に行かないと気がすまない人は、ゆだねることができません。他人任せの買い物ではなく、自分で1つひとつ品物を選ばないと穏やかではいられません。このような場合、もし、自分で買い物に行けなくなってしまうと、しばしば、死にたいと希望するほどの苦しみになります。一方、自分のしていたことを、他の誰かにゆだねることがで

きる人は、穏やかさを保ちながら過ごすことができるでしょう。

例：利用者さんは、盆栽が趣味で、庭に出て盆栽を眺め、自分で手入れすることが大好きでした。しかし、脳梗塞になり右手が十分に動かなくなり、盆栽の手入れができなくなりました。そのため、長年育ててきた盆栽のことを案じていました。しかし、友人のJさんならば、利用者さんと同じように、心を込めて手入れをしてくれることに気づき、盆栽の手入れをJさんにゆだねることにしました。本人は、とても穏やかな気持ちになることができました。

（8）栄養

栄養は、健康寿命を延長する上で、とても大切なことです。摂食嚥下の評価や栄養評価などを行い、適切な食支援を行うことは、穏やかに療養できるための援助です。現在では、各地域で食支援チームが活動するようになりました。嚥下食のバリエーションが広がり、介護施設でも、口腔ケアを含めた嚥下リハビリも盛んです。また、栄養について経管栄養や高カロリー輸液も自宅や介護施設で選択できる時代となりました。

例：利用者さんは、誤嚥性肺炎を繰り返すようになり、担当医師から経管栄養を勧められました。しかし、どうしても自分の口から食事を摂りたい本人と家族は、嚥下リハビリを積極的に行うことにしました。すると、以前に比べて誤嚥が少なくなり、口から食べることができるようになりました。

（9）お金

経済的な配慮も穏やかに過ごせる援助の1つと考えます。障害の程度や所得の状況によって経済的な負担を軽減できる制度があります。これらの制度に精通し、必要な制度を利用できることは、本人と家族が穏やかに療養できる援助の1つです。

例：利用者さんは、パーキンソン病で通院していました。現在の病状であれば、難病申請をすることで、医療費の助成制度を利用できることを知り、安心しました。

4 ゆだねても良いと思える人になる

ケイコ リカ先輩、選ぶことができる自由と言われてもピンとこなかったのですが、こうして説明を受けながら、今まで私が担当していた利用者さんのことを思い出していました。私が提供したサービスは、本当に利用者さんにとって、良かったのだろうか？　もしかしたら、本人が望んでいないサービスを無理に押しつけてしまっていたのではないかと反省しました。

リカ ケイコさん、何気なくサービスを提供しているようにみえて、本当に援助を行っているのか、振り返りをしないといけませんね。ケイコさんが指摘したように、つい私たちが考えるサービスを導入することだけを考えると、サービスの押しつけになってしまい、援助にはつながらなくなりますね。

ケイコ ところで1つ質問があるのですが、どうしても、サービスを利用したがらない人がいます。本当は訪問介護を利用して、オムツ交換をすれば、家族の負担が減るのですが、どうしても、希望されないのです。どうしたらいいのでしょう？

リカ サービスを導入したくても、希望されないケースですね。大切なことに気づきましたね。ここでは、どうしたら、サービスを導入してもいいと相手から思われるのか？　という問いとして考えてみましょう。

本当は介護など受けたくないと思う人がいます。できれば自分1人で買い物や家事などを行いたい人です。しかし、何かしらの理由で、1人で外出や台所に行くことができなくなります。そのような時、どんな相手に、自分でやりたい買い物や家事を任せることができると思いますか？

ケイコ うーん、そうですね。本当は自分でやりたい人ですよね。その人が、どんな相手に、買い物や家事を任せることができる

のか？　ですね。たぶん、その人が望む品物を買ってきてくれて、その人が望むような家事を手伝ってくれる人かな。

リカ　そうですね。では、どうしたら、そんなふうに認めてくれるようになるのでしょう？

ケイコ　やはり、その人の気持ちをわかってくれることが大切じゃないのかな？

リカ　そのとおりです。ここでは、本当は自分で行いたいことができなくなっていく状況で、誰にゆだねていくのか？　という視点で考えてみます。誰でも良いのではありませんね。信頼関係が大切になります。信頼のためには、技術や資格も必要です。しかし、どれほど資格を持っていたとしても、一方的にサービスを押しつける人には、信頼を寄せないでしょう。

ケイコ　はい、何となくわかってきました。

リカ　信頼するためには、自分の希望すること、希望しないことなどをわかってくれる人が大切になりますね。では、誰が、わかってくれる人になれるのでしょうか？

ケイコ　わかった。聴いてくれる人。

リカ　正解。つまり、相手から見てわかってくれる人にならなければ、相手は、自分の大切な選択をゆだねることはしないでしょう。ですから、まずは、徹底的に相手の話を聴くことを通して、信頼関係を構築することが、サービスを導入する上で、重要になります。わかってくれる相手として信頼関係が築けたならば、きっといろいろなことをゆだねてくれることでしょう。

ケイコ　はい、よくわかりました。まずは相手からゆだねても良いと、私たちが選ばれなければいけないのですね。そのために、丁寧に聴くことが大切になるのですね。早速実践してみます。

4 相手の支えを強める

ケイコ リカ先輩、今まで苦しみや支えについて学んだのですが、事例を通して具体的に何ができるのかを教えてもらえませんか？

リカ もちろん、良いですよ。早速、事例で今まで学んできたことを整理してみましょう。特に看取りにかかわる時、医療的な情報が増えるため、介護職の人たちの中には、かかわることに苦手意識を持つ人も多いことと思います。でも、今まで学んだことを通して、援助を言葉にできれば、具体的にかかわり方が見えてきて、自信になるでしょう。

事例紹介 Kさん（85歳・女性）、高血圧症、認知機能低下、胃がん、肝転移

経過 以前より高血圧症、認知機能低下のため近医にてフォローされていた。X年10月食欲低下のため、精査したところ、胃がん、多発肝転移と診断された。手術による根治は困難な状態であり、全身の抗がん剤治療が提案されたが、高齢であることや副作用の危険性などから積極的な治療は見合わせる方針となっていた。しばらくは穏やかに自宅療養されていたが、X＋1年2月になると、徐々に食事量が低下し、寝ている時間が増えていった。それまで利用していたデイサービスに通うことが困難となったある日、腹部の痛みのため緊急入院となった。入院後、適切な薬剤使用で、痛み

の緩和を得たが、すでに全身にがんの転移を認め、短い週単位の予後を予測された。本人のこれからについて家族と話し合いがなされ、自宅で最期まで過ごす方針となった。

家族構成　息子さん夫婦とお孫さん2人の5人暮らし。近くに娘さん夫婦が住んでいる。

介護保険　現在は要介護1であるが、今後区分変更を予定している。

リカ　さてケイコさんが、このKさんをケアマネジャーとして担当することになりました。医療・介護のチームの一員として、Kさんとその家族の援助にあたります。さて、どのような情報を入手し、何を目標にケアプランを考えていくと良いでしょう。

ケイコ　いきなり難問です。何を目標にと言われても、残された時間が短い週しか残されていないということは、訪問リハビリを導入してもやがて歩けなくなり、摂食・嚥下チームがかかわっても、食べられなくなるということですよね。

リカ　はい、そうですね。それが看取り支援の現実ですので。

ケイコ　それでも、目標を持たないといけないのですね。うーん、どうしたら良いのか……。あ、そうか、顔の表情でしたね。

リカ　正解！ケイコさん、素晴らしいです。
看取りにおける援助は、どれほど心を込めて誠実に提供していったとしても、徐々に眠る時間が増えること、徐々に食事量が少なくなっていくこと、そして、徐々に歩くことができる距離が短くなることは避けられません。ですから、介護予防で行ってきた健康寿命を延ばすための援助とは、視点を変えないといけなくなります。

ケイコ　はい。リカ先輩から、そのことを学んで来ました。

リカ　たとえ身体が衰弱していったとしても、本人と家族が穏やか

	な表情で過ごせることをゴールにすると、かかわり方が見えてきますね。Kさんの場合、どのような情報があると良いでしょう。
ケイコ	苦しみのキャッチと、支えのキャッチということでしょうか?
リカ	そうですね。ここでは、Kさんの苦しみと支えを意識して情報を集めていきたいと思います。まずは、Kさんの苦しみとして、希望と現実との間にどんな開きがあるのかについて情報を収集しましょう。そして、解決できる苦しみは解決できるように多職種チームで連携したいですね。その一方で、すべての苦しみは解決できません。それでもKさんが穏やかになれる可能性を探りたいと思います。穏やかになれる条件は、支えのキャッチでもあります。探し方がありましたね。
ケイコ	はい。これは覚えています。「両親尊き保て役割ゆだねようかな」ですね。
リカ	正解です。それに支えとなる関係と、将来の夢がありますね。
ケイコ	そうだった。

　Kさんのケースを情報収集してきましたので、事例検討シートに記入します（119ページ「◉事例検討シート」参照）。

●事例検討シート

症例（イニシャルで記入）	性別	年齢	病名
Kさん	男・⊛	85	高血圧症、認知機能低下、胃がん、肝転移

経過

		内容	どのように	誰が
苦しみ	解決できる苦しみ	・家に帰りたい ・右季肋部の痛み ・1人でお風呂に入れない	・自宅療養を支援する ・適切な緩和ケアを提供する ・希望する保清の維持として、入浴介助支援を提供する	在宅チーム
	解決できない苦しみ	・食事量の低下：適切な栄養による食支援を提供しても、徐々に食べることができなくなっていく ・元気になって、庭を散歩したい：リハビリを提供しても徐々に歩けなくなる ・家族に迷惑をかけたくない：1人でできていたことが1つひとつできなくなっていく		
支え	選ぶことができる自由	療養場所	自宅	症状が進みADLが低下していっても、自宅で過ごせるように支援にあたる	多職種
		心が落ち着く環境・条件	・痛みがないこと ・大好きな庭を眺めること ・人生の振り返り	・適切な症状緩和が提供できるように情報を共有し、薬剤を提供していく ・庭が、Kさんの希望する形で維持されるように整備する。庭を眺めるために、ADLに合わせて移動を手伝う、もし移動が難しければ福祉用具専門員に依頼してベッドの位置を調整する。まったく庭を見ることができなければ、必要に応じて庭に咲いている花を摘んでくる ・故郷の話、苦労されてきた頃の話を伺う	医療チーム
		尊厳	ディグニティセラピーを行い、本人が大切にされてきたこと、重要と思うことを言葉にして、家族に伝える	病状が進み、意識レベルが低下していったとしても、Kさんの尊厳が保たれるように、今まで大切にしてきたこと、Kさんの誇りと思うことを意識して声をかけていく	かかわれる人
		希望	・子どもたちや孫たちが、それぞれ幸せであり、仲良く暮らしていくこと ・庭がこれからも手入れされていくこと	希望を聞き実現できるように配慮。その思いを伝える	気づいた人
		保清	お風呂に定期的に入る	サービスを体調に合わせて提供する	介護チーム

支え	選ぶことができる自由	役割	・庭の手入れ方法を家族に教える ・Kさんの得意料理のレシピを教える ・人生の教訓を教える	役割を担えるように配慮する	本人が伝えたい人に
		ゆだねる	・庭の手入れ ・お墓を守ること ・今まで自分が行ってきたこと（炊事、洗濯、掃除など）を、他の誰かにゆだねること	本人の思いを大切に本人に代わって実践する	本人から見てゆだねてもよいと思う人
		栄養	・体調に合った本人の希望する食事 ・故郷の郷土料理、好物を大切にする	—	—
		お金	利用できる補助制度に熟知して、Kさんと家族の経済状態に合わせた配慮を行う	—	—
支えとなる関係			・家族とのつながり ・大好きな庭を通して、自然とつながること	本人にとって大切なつながりを強める	かかわるすべての人
将来の夢			・亡くなっても天国から子どもや孫たちを見守ることができる ・先に逝っているご主人やお姉さんとの再会	本人の死生観を大切にかかわる	かかわるすべての人
自らの支え					
事例から学んだこと					

リカ	ケイコさん、Kさんの苦しみと支えについて、たくさん挙げていただきました。
ケイコ	はい。リカ先輩から教えて頂いた「苦しむ人への援助と5つの課題」を意識すると、不思議ですが、いろいろなことが見えてきました。特にKさんが穏やかになれることを探すだけで、今まで気づかなかったことに気づいていくのですね。
リカ	そうですね。ただ医学的な情報を共有するだけではなく、常に顔の表情が穏やかになれる支えを意識すると、援助そのも

第1章

第2章
ケアマネジャーとして考えたい対人援助の基本

第3章

第4章

第5章

のが変わって見えてきます。

ケイコ　はい。私は、今まで地域での多職種連携といえば、例えば、入浴して良いかどうかを確かめるため、体温や血圧などのバイタルがどの範囲であれば良いのかを担当の医師から確認することだと思っていたので、そういうこととは、だいぶ違いますね。

リカ　それも大切な多職種連携ですが、それだけではない、ということですね。

ケイコ　それから、穏やかになれる条件を考えると、介護保険を使ったサービスを希望しない人に、無理にサービスを導入することは援助にはならないのですね。

リカ　それも大切なポイントです。ついつい介護保険サービスを利用することだけが主目的でかかわる人もいますが、それでは、穏やかになれる援助ではなく、かえって苦しみを与える援助になりかねません。

ケイコ　そして、気づいたことは、挙げた支えを強める援助ができるのは、何も医療従事者だけではないのですね。訪問介護、訪問入浴、福祉用具、あるいは家族や友人にもできることがあると思いました。

リカ　とても大切なポイントですね。援助を言葉にすると、何をしたら良いかが見えてきます。すると、今までかかわってきた中で、やってきた実感や、これからかかわることができそうな予感が湧いてくるでしょう。これが、看取りという大きな困難を抱えた人にかかわる自信につながることになります。これからも現場で誠実に、苦しむ人とその家族の力になってくださいね。

ケイコ　リカ先輩、ありがとうございます。私、もっと勉強して、苦しむ人の力になりたいと思います。

5 自らの支えを知る

1　逃げないで最期までかかわり続ける

ケイコ　リカ先輩、私、もうダメかもしれません。

リカ　どうしたの？　何か深刻みたいですね。

ケイコ　はい、先日担当した利用者さんを訪問してきたのですが、もう心が折れそうになってしまいました。

リカ　心が折れそうになって……、何があったのでしょう？

ケイコ　利用者さんの家族から、もう来なくて良いと言われてしまいました。実は、サービス開始当初から、何となく違和感を抱いていたのですが、家族が本人の病状を認めようとしなかったり、サービス内容の変更を突然に希望したり、その都度、最善と思う対応をしてきたと自負していたのですが。ついに、もう来なくて良いと言われてしまったのです。今まで、誠実にかかわり続けてきたのに、私のかかわりは、いったい何だったのだろうと（涙）。

リカ　そうだったのですね。それは、本当に大変なことでした。それで、心が折れそうになったのですね。
ケイコさん、とても大切なことを学ぼうとしていますね。実は、ケイコさんが抱えている課題は、これから私たちが向き合わないといけない大切なことでもあります。

ケイコ	私たちが向き合わなければいけない大切なこと？
リカ	はい、そうです。というのも、これからの時代、介護に当たる人材が不足していくことでしょう。どれほど最善だと思うプランを立てても、なかなか利用者さんが希望するサービスを提供できないこともあるかもしれません。でも、本当に大切なことは、逃げないで、最期までかかわり続けることです。
ケイコ	逃げないで最期までかかわり続ける？　そんなことできるのでしょうか？
リカ	もちろん！　大切なことは、100点を目指しつつも、60点しか取れない自分を認めることなのです。
ケイコ	60点しか取れない自分を認めること？

2　苦しみから何を学ぶのか？

リカ	ここでは、苦しむ人の力になろうとする私たちのことを考えてみましょう。私たちの希望は、「苦しむ人の力になりたい」ですね。しかし、すべての苦しみをゼロにはできません。「なんで、私だけこのような苦しみを抱えなくてはいけない？」という相手の苦しみは、どれほど誠実にかかわったとしても、残り続けてしまうでしょう。つまり、「苦しむ人の力になれない」という現実との開きが、私たちの苦しみとなります。
ケイコ	はい。まさに私がそうでした。
リカ	さて、この私たち援助者の苦しみとどう向き合っていくと良いかが課題となります。そこで、ケイコさんに質問です。なぜ、私たちは苦しむのでしょうか？
ケイコ	え、「何で苦しむの？」ですか！　今まで、そんなことをあまり考えていませんでした。うーん、なぜだろう？　できれば、苦しみたくないのが本音ですね。

123

リカ	もちろん、苦しまなくてすむのであれば、そのほうが良いですね。ただ、これからの時代、地域では苦しむ人が大勢増えていきます。私たちがかかわれる人、苦しみを解決できる人だけを選ぶこともできるでしょう。では、本当に苦しんでいる人は誰が担当すれば良いのでしょう。
ケイコ	うーん、やはりかかわってくれる誰かが必要ですね。
リカ	そうなのです。地域で大きな苦しみを抱える人に向き合える人がこれからの時代に必要になります。改めて問います。私たちは、なぜ苦しむのでしょう？ 私は長年、ケアマネジャーの仕事を通して、多くの苦しむ人と向き合ってきました。そこで、人はただ苦しむのではなく、その苦しみを通して、多くのことを学ぶことに気づきました。病気やケガを通して、苦しむ前には気づかなかった大切な支えがあることを知って、多くの利用者さんは、穏やかさを取り戻していきました。 苦しみから学ぶのは、実は利用者さんだけではありません。私たちも苦しみから学ぶのです。
ケイコ	私たちも、苦しみから学ぶ？
リカ	はい、私たちも苦しみを通して、自分の支えを学ぶのです。すると、いろいろなことが見えてきます。1つ例え話をしましょう。私たちの住む街では、夜になってもあまり星はたくさん見えませんね。それは、ネオンなどによって都会の夜空が明るいせいですね。
ケイコ	はい。
リカ	ところが旅行で南の島でも行くと、同じ夜空でありながら、満天の星となりますね。
ケイコ	はい、先日、友人が夏休みに行った沖縄の離島で、満天の星空を見て感激したと言っていました。

第1章

第2章
ケアマネジャーとして考えたい対人援助の基本

第3章

第4章

第5章

リカ	南の島は、夜空が暗いので、星がたくさんあることに気づきます。実は、人間も同じです。自分で何でもできる調子の良い時には、自分自身に支えがあることに気づく人は多くはありません。ところが、今のケイコさんのように、苦しくて仕方がない時にこそ、自分自身の支えに気づくことができるのです。
ケイコ	何となくですが、先輩の言われることがようやくわかってきました。だから、大切なことを学ぼうとしていると言ったのですね。
リカ	そうなのです。「ピンチはチャンス」というのは、大切なことを学ぶチャンスなのです。
ケイコ	と言われても、私も学ぶことができるのかな、こんなに苦しいのに。
リカ	はい。では改めてケイコさんに問います。なぜ、この仕事を選んだのでしょう？
ケイコ	そう言われると……。実は、私の母は、家政婦の仕事をしていました。その後、家政婦紹介所を営んでいました。小さい頃から母の姿を見て育ちました。思えば、介護を通して、誰かの力になることは、母の役割であり、母が誇りにしてきたことであり、私にとって憧れでした。ですから、小さい頃は、自然と、介護関係の仕事に就きたいと考えていました。
リカ	ケイコさんがケアマネジャーになったのには、介護関係の仕事をされていたお母様の影響があったのですね。それでも、確か、最初は別な仕事もされていたと聞きました。どうしてケアマネジャーになったのでしょうか？
ケイコ	実は、中学高校時代は、反抗期で、私はよく母とぶつかっていました。だから、介護関係の仕事に就くことを小さい時には心に秘めていながら、学校を卒業してからは友達に誘われ

125

て、一般企業の事務職を2年ほどしていました。その仕事は、それなりに楽しかったのですが、やはり何かが違うと感じていきました。私がしたいことって何だろうと思った時、やはり小さい時のように介護を通して、誰かが喜んでくれる顔を見たいと思って。だから、思いきって介護の仕事を選びました。いろいろありながら、ようやくケアマネジャーの資格を取り、こうして今年からここで働くようになりました。

リカ　ケイコさんなりに、いろいろあったのですね。そのいろいろあった時、ケイコさんの支えになったもの、ありますか？

ケイコ　やっぱり家族かな。あんなに反抗していた母だったのに、一度社会人になってみて、母の偉大さを感じたし、苦しかった時、最初に浮かんだのは反抗していた母だったから。思えば、母も仕事でうまくいかないこともあったけれど、私たち子どものことを思って、必死に働いていたのも、今思い出しました。

そして、中学高校時代の親友。何でも相談できて、私が苦しい時、いつも心の支えになってくれる（涙）。

リカ　お母さん、そして親友がケイコさんにいますね。

ケイコ　はい。

リカ　では、今回、心が折れそうなくらいに苦しい中で、今のケイコさんにとって、支えになるものはありますか？

ケイコ　はい。そう言われると、いろいろ見えてきます。まずは、職場の仲間です。新人ケアマネジャーの私のことを本当に気遣ってくれて、温かいと感じています。何よりリカ先輩は、一番の支えです。今回も、こうして相談に乗ってもらっています。そして、今まで出会った利用者さんも。

やっぱり私、介護の仕事が好きだと思います。事務職だった時には、ただ書類を記入するだけの毎日で、仕事を通して人

の笑顔を見ることなどありませんでした。親の介護で、どうし
てよいかわからないご家族が、かかわりを通して笑顔になっ
ていくのを見て、やはりこの仕事を選んで良かったと思えま
す。あと、主人かな。今は共働きですれ違う時間も多いけれ
ど、仕事を変える時、経済的に厳しかったのですが、主人がい
ろいろ支えてくれました。今、私がこうしてここにいるのも、
家族や友人や利用者さんとそのご家族のおかげですね。

リカ　　そうですね。それがケイコさんの支えですね。

3　自分を認めること

リカ　　苦しみから学ぶのは、「自分の支え」です。その支えがある
　　　　から困難と向き合うことができます。では、その支えによっ
　　　　て、自分がどのような状態になれるかを考えてみたいと思い
　　　　ます。
　　　　私たちは、苦しむ誰かの力になる対人援助を仕事していま

	す。そのような私たちは、どんな時、自分を認めることができるでしょう？
ケイコ	自分を認める？　うーん、やはり、誰かの役に立てる時でしょうか。
リカ	そうですね。対人援助職として、苦しんでいる誰かの役に立てる時、私たちは自分のことを認めることができますね。介護サービスを必要としていて、どのようなサービスを利用してよいかわからなかった人が、かかわりを通して喜んでくれたり、福祉用具を導入して、生活が改善して喜んでくれたりした時には、私たちも嬉しくなりますね。このように、誰かの力になったり、役に立てたりする時、自分のことを認めることができます。そのために、資格を取り、定期的に知識や技術や態度を向上させるために研修に参加します。
ケイコ	はい、私もまだ新人ですが、これからも勉強していきたいと思います。
リカ	力になれる時、私たちは、苦しむ人とかかわることは、それほど難しくはありません。ところが、力になれない人と向き合うことは、容易ではありません。今回のケイコさんのようなケースですね。
ケイコ	はい、本当にそう思います。
リカ	役に立つ時、力になれる時、私たちは自分のことを「良くできました」と高く評価します。点数でいえば90点から100点をつけることでしょう。しかし、力になれない場合には、とても自分のことを「よくできました」とは言えません。点数をつければ50から60点かもしれません。そんな自分を認めることができますか？
ケイコ	よくできない自分、50から60点しか取れない自分を認めることですか？　そんなこと、できるのかな？　でも、できな

第1章

第2章
ケアマネジャーとして考えたい対人援助の基本

第3章

第4章

第5章

いといけないのですよね。

リカ できない自分を認めるキーワードがあります。90から100点を取れる時には「よくできました」でしたが、50から60点しか取れない時に自分を認める言葉は「これでよい」です。

ケイコ これでよい？

リカ はい。「これでよい」です。

ただ、この「これでよい」は、ちょっと使い方が難しいのです。というのも、誰が「これでよい」と言うのかが難しいのです。自分が、自分に言うのではないと思うからです。ケアマネジャーが、サービス変更が必要なのに書類の不備などで手続きが遅れ、利用者さんが困っているのに、「これでよい」と開き直って良いとは思えませんね。私たちは少しでも100点を取れるように努力をしていきたいと思うのです。それでも、100点をいつも取れる現場とは限りません。困難なケースを前に、力になれず、50から60点しか取れないことは、多々あることでしょう。

では誰が「これでよい」と言うのでしょう。ケイコさんの場合には？

ケイコ うまく言えないのですが、私を支えてくれている皆さんでしょうか。失敗しても、温かく見守ってくれる家族や職場の仲間やリカ先輩、そして今まで出会った利用者さんたちも。

リカ そうですね。苦しいから見えて来る自らの支えがありましたね。苦しみを通して気づく自らの支えこそ、私たちが厳しい現場で折れない心で仕事を続けられる原動力になるでしょう。

ケイコ はい、そう思います。

リカ 私たちは、どうしても苦しむ人の力になりたいと思う時、100点を取らなければいけないと考えます。力になれる時に

は良いのですが、力になれない時には、苦しくなります。でも、これからは地域で苦しむ人は増えていきます。誰かが担わなければいけないとすれば、誰がかかわると良いのでしょう。それには、たとえ力になれなくても、逃げないで誠実にかかわり続けることができる援助者が必要になりますね。

そのためには、とても苦しいことですが、力になれない弱い自分を認めることが大切です。弱い自分、力になれない自分を認めると、見えてくるのが、自らの支えです。その支えがあるから、援助職という肩書きではなく、ともに苦しむ1人の人間として、逃げないでかかわり続けることができるのです。

今のケイコさんにぴったりの言葉を贈ります。

> 誰かの支えになろうとする人こそ、
> 一番、支えを必要としています。

決して、私たちの仕事は簡単ではありませんが、もう一度、本人や家族の話を聴きに行きませんか？　本人・家族の苦しみがどこにあるのか、まずは徹底的に聴いてみたいと思います。その上で、すべての希望に応えることができないけれども、相手から見て、わかってくれる人になれる可能性を信じて、向き合ってみてください。きっと道は拓けると思います。

ケイコ　リカ先輩、ありがとうございます。なんだか力が湧いてきました。もう少し、私、頑張れそうです。

第3章

ケアマネジャーだからこそ
できる支援

本章では、ケアマネジャーがターミナル期や
看取りにおいてできることを考えていきたいと思います。
医療職でも看護職でも介護職でもなく、ケアマネジャーだからこそできる支援。
そこに私たちにもできる、私たちもいていいんだと思える
ケアマネジャーのプライドが持てれば
きっと私たちの援助の形が変わってくるはずです。

1 フィフティ・フィフティの立ち位置

　第2章では、リカさんとケイコさんのやりとりから援助的コミュニケーションと5つの課題を学んで、ケイコさんのように皆さんも頑張る気力が湧いてきたでしょうか？　援助的コミュニケーションをベースとした上で、対人援助職、とりわけケアマネジャーとして一体何ができるのかを突き詰めて考えていきましょう。

1　ケアマネジャーは望む生活を叶える専門職

　私たちケアマネジャーは日々、さまざまな利用者・家族と出会い、その利用者や家族の思いや生活、そして人生に触れます。私たちが出会う時、それは少なくとも利用者・家族が大小さまざまな困難に巡り合ったり、これまでの当たり前が当たり前でなくなった時です。本人も家族も不安と絶望から笑顔が消えていることがほとんどで、なんとかしてほしいという思いを私たちに訴えます。そういう状況だからなおのこと、目の前に立ちはだかる困難を私たちは心情的に、まず何とかしてあげたいと思ってしまうのでしょう。

　その一方で、初めて出会ったその時から利用者・家族が「これまで大切にされてきたものとは何だろう」とその「何か」を探し始めます。同時に「今、大切にされたいものとは何だろう」と残された時間を見つめながら、耳をそっと澄まし、その人の言葉や表情から想いを読み取って、その人

の生活と希望を叶える、そんな職種です。すごい仕事です。でも第1章でも触れたとおり、この仕事には逃れられない苦しさがあります。それは自身の存在意義に対する疑問から始まります。

2 何もできない苦しみ

　ケアマネジャーになる、ということは全員に基礎となる元職があります。その職種はさまざまですが、現在ほとんどのケアマネジャーが元福祉職です。ケアマネジャーになる前は、自分の手でケアを行い、そして援助技術をもって、日々の暮らしの中にある不便や困難を解消し、単純にケアを形にできました。手と手が触れ合い、言葉や笑顔を交わしていた頃とは打って変わって、ケアマネジャーとなり、直接援助ができない寂しさや、言葉をかけるだけで実際には何もできないことに無力感を覚え「ケアマネジャーの存在意義とは？」を切実に感じてしまうのはこのためではないでしょうか。これは福祉職、直接援助を行う職種から相談援助職になったゆえの無力感かもしれません。私自身もそうでした。私はいつも、ケアマネジャーとして、今の私にできることとは何だろうと悩み、どこか苦しい思いを抱えていましたが、ある利用者・家族との出会いを通じて自分自身の存在意義を捉えなおすことができました。

3 私たちの存在意義
「フィフティ・フィフティの立ち位置」

　ALS（筋萎縮性側索硬化症）を発症したAさんはいつも不機嫌でした。チームは常に崩壊寸前で、メンバーの入れ替わりも激しく、もう次の事業所が探せないほど皆が疲弊しきっていました。それでも何とか踏みとどまり、励まし合ってAさんの意向である地域での生活を支えていた中、前任のケアマネジャーの退職に伴い私が担当することになりました。い

第1章

第2章

第3章
ケアマネジャーだからこそできる支援

第4章

第5章

つものとおり、今の私にできることは何かと考え、Aさんに向き合いましたが、現実は厳しく、Aさんに呼ばれては訪問を繰り返す私に、いつもチームメンバーの悪口と病気への怒りをぶつけられました。それは、30分や40分では終わらず、いつも1時間は続き、最終的にはこのまま様子をみるというところへと落ち着きました。怒りをぶつけられても私にはじっと黙って話を聴くことしかできませんでした。何もできない私に対して多職種からの情報はなかなか届かず、情報も遅くケアもできない無力感や誰よりも遠巻きである疎外感に押しつぶされそうでした。日に日に自分には何もできることがないと自信を失くし、途方に暮れたあげく、毎日複数回来ている訪問看護師にケアマネジャーを兼務してもらったほうがAさんのためと、自分が逃げ出すことを正当化する言い訳を作った私はある日、Aさんにそのことを持ち掛けました。逃げ出そうとする私の心をじっと見つめ、長い沈黙を経て精一杯の声でAさんは怒鳴りました。「わかっていないな。そんなんじゃないんだよ。ケアマネジャーはフィフティ・フィフティ。他にはない役割なんだよ。もういい、帰ってくれ」と。その数日後に急逝されたAさんと交わした最期の言葉となりました。

　Aさんの年老いた母は、駆け付けた私にこう告げました。「あの子はあなたが来てくれるのをとても楽しみにしていました。『自分には何もできない』なんて、あなたは間違っています。してほしくもないことをしたり、オムツを替えたりすることもなく、ただただ、人として対等でいられたのはあなただけ。貴重な存在だったと思いますよ。嫌な思いをたくさんさせてごめんなさい。でもね、たくさんありがとう」

　フィフティ・フィフティの意味は「対等な立場」。生活のすべてを誰かにゆだねなければ生きていけない身体となったAさんにとって、同じ立ち位置で対等に話ができる存在は、それだけ存在意義があるものでした。つまり、私たちの存在の意味は私たちではなく、相手が決めることなのです。聴くことしかできないのではない、聴くことを通して私たちはその人の

存在を支える存在として、そこに居続けることができるのです。そして、聴くということはすべての始まり。誰だって、自分の苦しみを誰にでも話すわけではありません。聴いてくれる存在、わかってくれる存在にこそ話すのです。そうした存在にケアマネジャーはなれるはずです。私はAさんとAさんの母との出会いによってこのことに気づかされました。

4 改めて、直接援助職でないことの強み

　第2章で解説した援助的コミュニケーションに求められるのは「わかってくれる人になる」ということでした。看取りにおいて、利用者にとっての舵取り役は医療・看護職であることは間違いありません。けれども、フィフティ・フィフティの立ち位置は、この「わかってくれる人」に最も近い存在だと思います。相談援助職だからこそできる看取りの支援のあり様はここにあると思います。

2 多職種連携の要として チーム支援を整える

1 多職種連携の心構え

　私たちは本人・家族の夢や希望を叶えるためのプロフェッショナルです。であれば、地域に詳しいことはもちろんのこと、他の専門職等とのつながりをたくさん持っていることはケアマネジャーの実力の1つの指標となるでしょう。私たち支援者はいわば1人ひとりが社会資源です。だからこそ、その資源への分析は、常日頃からさまざまな場面で整えておかないと、いざという時に役には立たないのです。地域の事業所の特色、その事業所にはどんな人がいて、どんな実力を持っているのか、さらにはどんな人柄なのか、癖や得意なことまで、具体的に押さえておかなければ、すぐに動き出せる活きたチーム作りはできないと思います。これらは、地域ケア会議や日頃の研修、折々の季節行事など、さまざまな機会に押さえていきます。もちろん、現場でしか見えない顔もあります。だからこそ、日頃からの支援を丁寧に観察し、時間がない時、失敗してはいけない時、余裕がない時にこそ役立つ関係作りを、日頃から積み重ねておく必要もあるでしょう。

　これは普段から言えることですが、看取りにおいてはより顕著だと思います。普段からこのことを意識していなければ、とても看取りを支え切れるチームは作れません。

　また、1つの支援を通して、行き違いや思い違い、それぞれの職種間の

譲れない思いなどがぶつかった結果、チーム内にわだかまりとして残ってしまうこともあります。そのわだかまりをそのままにせず、しっかりとケースを振り返る時間を持ち、残された思いや課題、できなかったことを話し合い、何が原因だったのか、どうしたら解決できたのか、についてできるだけ具体的に、チーム全員で話し合う機会を持つことが重要です。このような取り組みを通して、地域の多職種の連携力、看取りにおけるチーム力、地域が持つ力の強化を図っていくことが私たちのやるべきことなのです。

2　平時からの連携

　平時からの連携の必要性と聞いて、まず思い浮かべるのは何ですか？

　皆さんが実務の中で日々苦労をされている「病院や主治医、すなわち医療との連携」が浮かんでくる方が多いのではないでしょうか。しかし、本人・家族の日々の生活を担うケアマネジャーが必要とする「平時からの連携」の連携先は実に多様で幅広く、医療だけにとどまることのないそのネットワークは地域の財産でもあるといえると思います。

　利用者・家族が暮らす一番身近な地域の連携先といえば、家族、友人、隣近所。そして町内会や商店街、コンビニや郵便局や新聞屋さん、忘れてはいけない宅急便各社や銀行、駅、バス会社など実にさまざまです。次に大きな輪を考えると地域の民生委員・児童委員や地域包括支援センター、児童館や高齢者施設、地域住民センターにカルチャーセンター、デパートなど私たちの周りには暮らしを彩るたくさんの社会資源が存在しています。そして、その次に大きな輪。そこに主治医や病院、行政など暮らしには欠かせない、私たちの暮らしの基盤を支える窓口、各種制度や私たち専門職がいるのだと思います。

　平時からの連携は一朝一夕にできるものではなく、事業所の中にいて自然とできるものではないのです。私たちが、事業所から一歩外に出て

第1章

第2章

第3章
ケアマネジャーだからこそできる支援

第4章

第5章

結ぶ笑顔こそが大切な財産となります。ケアマネジャーのネットワーク力はそのまま利用者・家族の資源ともいえる重要なものなのです。事例検討会や地域ケア会議など1つの事例をじっくりと丁寧に紐解き、さまざまな職域や職種の人たちと検討を重ねていくことの意味はここにもあります。1つの事例を一般化（普遍化）し、1つの事例の中から見えてきた課題はすなわち地域課題となることも多くあるからです。ケアマネジャーは常に、さまざまな人と多様な形の「連携」を図り、地域の課題を見つめ、必要な時には地域に新たな社会資源を作り出すことが重要な役割となります。そのためにはケアマネジャー同士との連携や情報交換も密に行いながら、必要な人や部署への働きかけができる力も育てなければなりません。平時からの連携は、縦にも横にも斜めにも張り巡らすことがソーシャルネットワークに役立ちます。事業所を越えて、地域を越えて、制度を越えて。1人ひとりのつながりは地域の大きな力へとつながるのです。

3　ターミナル期における役割分担の理解

第1章で、ターミナル期になるとケアマネジャーは役割を失っていくことに触れましたが、実際は私たちには重要な役割があります。それは「その人らしい最期」を支援することです。

ターミナル期といういわば非日常の空間、非日常である危機的状況の中では、その人らしさやその家族らしさは現れにくいものです。その困難を乗り越えるにあたって、その人本来の力や家族の関係性はいつもよりよく見えるかもしれませんが、逆に当たり前のようにある（はずの）日常に暮らす穏やかな表情は見えにくいものです。目の前のことに必死な時、自分らしさを保つことは至難の業でしょう。目の前のことに必死で、自分らしさを保つことも難しいくらい、先行きが不安な状況の中で、本来の自分らしい選択をすることができるでしょうか。そういう状況下で

第1章

第2章

第3章
ケアマネジャーだからこそできる支援

第4章

第5章

は、医療職や看護職といった危機的状況を支えてくれる援助職はもちろん重要で必要な存在です。しかし、同じくらいに、その人らしさ、つまり「いつもの私」を知っていてくれる存在も必要ではないでしょうか。「いつもの私」をわかってくれる人の存在は困難な状況の中で一番ほっとできる、安心とやすらぎにつながることが多いのだと思うのです。その多くは家族であったり、友人や知人、自宅といった場所なのかもしれません。加えて、専門職の中ではケアマネジャーがその役割を担うことは少なくはないはずです。

　ケアマネジャーは比較的、元気な時から長期にわたり本人の生活にかかわることができる貴重な職業ではないかと思います。そしてその人が暮らす生活環境の中で日々の暮らしを見つめ、家族や友人、周囲の人たちと一緒に生活の中に起こる大小さまざまな出来事を長年にわたり経験し、嬉しいことも悲しいことも、共に味わっていくことが多いものではないでしょうか。生活の中に訪れる大小さまざまな変化。その暮らしの一場面ごとに見えるその人の表情や暮らしの変化に、その人なりの苦しみとの向き合い方や乗り越え方を知り、その時々に触れる考え方、選択などを通して私たちはその人の「生き方」や「価値観」という尊厳を知る（学ぶ）のではないでしょうか。ターミナル期におけるもっとも重要な選択とは「生き方の選択」です。治療の選択はその一部。生まれてからすべての時間が経験となり、日々の何気ない暮らしの連続が人生であるとするならば、すべての営みは魂に刻まれ、心や身体は刻々と成長を遂げているのでしょう。人生の最終段階において、「これで良かった」ではなく、「これが良かった」そう思える選択ができるように、私たちはいつか来る「非日常」のために、その人らしさをしっかりと受け止め、それを他の支援者にしっかりと伝えられるように準備しなければなりません。非日常の中で自分でも見失ってしまいかねない「私らしい生き方」を最期まで貫けるように支援しましょう。

　そしてそのためには、当たり前に明日が訪れる穏やかな日常を過ごす

その時にこそ「言葉」にして伝え合い、確かめ合い、形にして伝えていくことが重要です。元気な頃からの「人生会議（ACP）」やディグニティセラピー、さらにはSEIQoL-DWなどの有効な活用が大切です。

4 本人・家族の支えを強めるための連携

あなたは、本人・家族の支えをいくつ知っていますか？ 孫の存在や家族といった目に見えるもの、あるいは大きなものは知っていても、もっと細かい支えの存在に気づくことはなかなか難しいものです。しかし、注意深く観察すれば、何気ない日常の暮らしの中にその人を支えているさまざまなものが溢れています。例えば、落ち着ける家、私らしい服、暮らしに役に立つさまざまな家電。これも暮らしを支える立派な支えの1つひとつといえます。春うららかな陽ざし、小鳥のさえずり、猫のあくび。窓を開けると聴こえてくる波の音、外で遊ぶにぎやかな子どもの声、庭に咲く朝顔の花。それに触れると、ふと顔がほころぶような日常の中に溢れるさまざまな「支え」をいくつ知っているでしょうか。私たちは、日々の困りごとや苦しみについてはよく聴く機会がありますし、知っていることも多いので、たくさん挙げることができます。しかし支えについては聴く機会もあまりなく、数えるほどしか知らないことも多く、支えを考えるきっかけは聴く側も答える本人も、意識をしないと持てないものかもしれません。

苦しみに向き合う時、何よりの支えになるものは、大きな幸せより日々日常、手の届くところにあるほんの小さな幸せです。ふと心が和むような出来事とはどんなことでしょう。目に見えて大きく立派である必要はありません。むしろ、いつもは目に見えない、当たり前の中に埋もれてしまっているような幸せが生活の中にたくさん散りばめられていると、生きる力は強くなり、多少のことではゆるぎにくい確かなものになるのかもしれません。

　本人・家族の支えを強めるための連携、その第1歩は、多職種で本人の「支えを知る」ところから始めることではないでしょうか。さまざまな職種がそれぞれのかかわりの中で見つける支えには、家族や本人でも気づかないことがたくさんあるはずです。1人より2人、1か所より2か所で、それぞれが同じ目的を持ち、情報を持ち寄り共有することが重要です。そのこと自体が本人・家族の「支え」を強める連携になっているといえます。

　本人・家族との共有の次に、多職種とも共有していくことが大切です。この共有もまた、私たちにしかできないことです。相談援助職である私たちが、耳で聴き→口で言葉にして伝え→その言葉を耳で聴いた利用者は支えを知り→支えがなくなる苦しみに気づき→支えを強めることで苦しみを和らげる（除去する）。このように動いていくことが大切です。この時、大事なことは、1人では困難なことであっても、より多くの人が共有することで、嬉しいことは倍以上になり、苦しいことは皆で分け合い半分以下になることだと思います。

　それから、「褒める」「役割を認める」「評価する」ということについて考えてみたいと思います。自分で自分のことを言うよりも、自分のことを他人に言ってもらったほうが良い場面も多いと思います。例えば、家族が表に出さない、一生懸命日々行っていること（介護）を利用者さんに「こんなことを家族は毎日やっているのですね」と伝えた時、利用者さんはどう思うでしょうか。同じことを伝えるのでも家族からではなく、他者から「家族は毎日こうしたことをやってくださっているのですね」と伝えられることで、場が和み、お互いの思いと感謝の気持ちを伝えやすくなるのではないでしょうか。これも私たちができる「支え」を強める力であると思います。本人が生き切ることができる環境作り、家族の自己実現を支える支援者支援はケアマネジャーの腕の見せ所かもしれません。お互いの思いを口にしやすく、その思いや言葉が伝わりやすい環境（体制）作りです。これも連携なくしてはできない貴重なケアマネジャーの役割であるといえるのではないでしょうか。

5　医療と介護が同じ土俵で話し合う

　連携、連携と口がすっぱくなるくらい言われていますが、本当の意味での連携は、医療と介護が同じ土俵で話し合うことから始まると思います。

　Bさん（77歳・男性）は、胸部上部食道がん末期と診断を受けました。妻や子どもたちと15年以上別居していましたが、孫の誕生を機に家族との交流が再開した矢先のがんの発覚でした。本人に伝える前に主治医から診断を聞いた家族は気弱な本人の性格と家族の安定した今の生活を守るため「このまま余命は告知せず在宅で看取る」と決められました。そして妻の家に同居することになったBさんの在宅生活を支援するために、私はケアマネジャーとしてチームの舵取りを任されました。

　食道がんの手術後、Bさんは声を出すのが難しくなっていましたが、それでも、精一杯の声で私にこう語りかけられました。

　「人はがんになってもがんでは死なない。僕は前を向いて頑張りたいのです。最期まで僕らしく厄介者にならず家族の一員のままでありたい。これからどうぞよろしくお願いいたします」。この言葉に込められた真意はわからなかったけれど、不安と苦しみが伝わるBさんの心の声だと私は感じました。

　そして迎えた退院前カンファレンスでは、本人を抜きにして家族と主治医より方針が伝えられ、再度、余命の告知をしないことが確認されました。本人ではなく家族が決めたその決定に、皆が口に出せないものを抱え、部屋の中は静まりかえりました。そこに最後に入室をされたBさんは、私たちを静かに見渡し、全員に向かって語りかけました。

　「僕は病気で声を失った。でも今、君たちはなぜ声を失っているの？いつの間にか僕はいるようでいない、空気みたいになってしまったんだね」

　この言葉が胸にトゲのように刺さり、私も看護師も訪問診療を担当する医師も、支援者はそれぞれに苦しみを抱え、迷いを抱きながらも、家族

の決定に寄り添って日々粛々と自分の役割を貫いていきました。

　やがて病状は進み、良くなるはずと信じて弱音を吐かず病気と闘う本人を前に、家族は次第に家にいる時間が苦しくなり、「仕事」として家を離れる時間が増え、日中のほとんどをヘルパーに頼る生活となりました。ヘルパーの支えはBさんの笑顔でした。その一方でBさんから繰り返し尋ねられる「事実（余命）の確認」はヘルパーの苦しみとなっていきました。勘の良いBさんは家族には聞きませんでした。それは自分にとっても家族にとっても苦しみになるからです。そんなBさんの思いがわかるからこそ、ヘルパーはみな、苦しい時に苦しいと言えないBさんを見ていることに耐えられなくなっていきました。

　ある日、一番身近な存在であったヘルパーが「辞めさせてほしい」と泣きながら相談に来ました。自分のために嘘をついてくれている家族に、自分の死の苦しみを伝えられずに我慢するBさんの姿をもう見ていられない……。私たちはこれまで家族の選択を必死に支えようと頑張ってき

ましたが、本当に最期までこれで良いのかと迷った私は、このヘルパーの声を率直に訪問診療医に伝えました。医師は心からその声に耳を傾け、そして、チームで話し合う機会を作ってくれました。皆が今の思いを打ち明け合い、何度も話し合う機会を持つことで変化が生まれました。ヘルパーは離職を取りやめ、もう一度Bさんと家族のために懸命に笑顔を作り日々の訪問を再開しました。私はチームの後押しを得て、妻に私たちの思いを正直に伝えることを決意しました。「"本当の今"をBさんにお伝えしたほうが良いのではないでしょうか。私は声を取り戻さなければならないと気づきました」。張りつめていた糸がプツリと切れる音が聞こえたような瞬間、妻のふと緩んだ笑顔に大粒の涙が零れ落ちました。そして妻は家族に呼びかけました。今の家族なら受け止められる。「ありのままを伝えよう」と。

　医師が事実をありのままに告知する横で泣く妻をBさんがしっかりと涙のにじむ笑顔で支え、妻の肩を抱いて慰めました。そして皆が声を取

第1章

第2章

第3章

ケアマネジャーだからこそできる支援

第4章

第5章

り戻し、家族はまた1つになることができました。そしてほどなくBさんはたくさんの感謝の言葉と笑顔を残して旅立ったのでした。

　チームが一丸となる時、それは医療と介護の垣根、職種や立場を越えて、ある1つの目標のもとに皆の足並みが揃う時ではないでしょうか。本人の中にもさまざまな思いや葛藤があり、本人を支えようとする家族、支援者1人ひとりそれぞれにその思いや願いがあります。私たちケアマネジャーはチーム1人ひとりの願いや声にならない声、伝えられていない心の深いところにある思いをつなぎ、1つにまとめる力を持っているのだと思います。その力が発揮できる時、ケアマネジャーは多職種の要としてチームの黒子に徹し機能している瞬間であるといえるのではないでしょうか。これこそが私たちケアマネジャーの「存在意義」にもつながるものではないか、と私は思うのです。

　チームをつなぐケアマネジャーと本人・家族の信頼関係はチーム全体の信頼関係に深くかかわってきます。そして、大きなチームになればなるほど、チーム内の調整はサービスだけにとどまらず、全体の礎となるチーム全員との人間関係の調整へと深くかかわってくるでしょう。本人・家族を含めた活発な意見交換や提案ができるようなチーム作りが進むとチーム力は上がり、できることが広がります。そのためにはチームメンバー1人ひとりが力を活き活きと発揮できる環境が必要となります。各職種との連携を図るためには、まず各職種への理解を深め、共通の言語を理解し、根拠を持った発言・提案ができ、各職種が存分にその力を発揮できる場作りができるケアマネジャーがチームには求められるのではないでしょうか。医療と介護は別のものではなく、同じ土俵に立つからこその連携です。私たちに求められている役割は実はとても重要なものであり、豊かなつながりとコミュニケーション力が必須となる独特な機能（＝ケアマネジメント）なのです。

3 利用者・家族とのかかわり

　第2章で「援助的コミュニケーション」を学びました。ここでは、事例を通して『ケアマネジャーが行う援助的コミュニケーションの展開』について考えていきます。

1　ケアマネジャーが行う
　　援助的コミュニケーションの展開

　Cさんは、5年前にALSと診断され、自宅で夫と2人暮らしをしていました。離れて暮らす3人の子どもたちには病名を伝えていませんでした。夫が24時間、365日1人で介護を行っていましたが、負担が大きく、調理のみ実費にてヘルパー要請の依頼がありました。その後、ヘルパーの報告にあった「頭はしっかりしているのに、なぜか両手がだらりとしてまったく動かない」という一言が気になり、Dケアマネジャーが状況を聞き取り、「もしかしたら……」と居宅を訪問することとしました。

　夫婦に話を聞くと夫婦ともに制度や支援を頑なに拒否する様子がありました。気になったDケアマネジャーが「今、一番気になっていることは何ですか？」と聞くと、Cさんは「これまでも私の行く先を案じてお医者さんや行政の方たちが口を揃えて『こうしないとダメ』『今、私の言う事をきかなければ大変なことになる』といって未来を勝手に先取りすることです」と答え、続けて「皆が私を追い越していくの」と涙を零されまし

第1章

第2章

第3章
ケアマネジャーだからこそできる支援

第4章

第5章

た。そんな妻を前に、夫は嗚咽しながら込み上げる怒りと悲しみを訴えられました。「何も悪いことをしていないのに。なんでうちだけこんなことになってしまったんだ」。

　Dケアマネジャーははっとしました。病名や状況を聞き、夫婦が危機的な状況にあるとの確証をもって医療機関や制度、さらには訪問看護などのサービスにつなげよう、と考えていた自分に気づいたのです。それは、そうすることが夫婦のためというよりも、そうしたら「私が」安心するから……。そんな目的でここに来たことがとても恥ずかしく感じ、Dケアマネジャーは「Cさんはみんなが（あなたを）追い越していくと感じているのですね①」と言うと、それを聞いてうなずくCさんに「ごめんなさい、私も他の人と同じでした。でもこれからはもう私はCさんを追い越しません」と素直に謝りました。するとCさん夫婦は静かにゆっくりとうなずかれたのでした。

援助者と本人・家族の思いの相違

 援助者の不安 → 行く先を案じ医療者・支援者が感情・治療を先取り

 本人・家族の苦しみ → 医療者や支援者の「皆が追い越していく」

　援助的コミュニケーションの展開として、ここで大切なことは、Cさんと夫が感じている思いを受け止めて、「わかってくれる人」になることでした。そのため、Dケアマネジャーは①のように反復し、自分は追い越さないと宣言することで、「この人はわかってくれる」と思ってもらえたわけです。

　その上で、Cさん夫婦に必要な支援を受け入れてもらうにあたって、Dケアマネジャーが取るべき役割は「Cさんの気持ちをチーム全体に伝え行き渡らせること」といえます。ALSという病気は、病状が進めば支援

チームは大きくなり、そのつど現場の声は増えていきます。DケアマネジャーはいつもCさんと夫の声を聴き続けることを大切にしていきました。病状の管理は医師。現場の報告は各職種。Dさんはケアマネジャーとして、本人と一番の支えである家族の揺れる思いをタイムリーにチーム全員に伝えられる環境を整え、全員がCさんと夫を追い越さず、同じ方向を向けるような体制を整えることを目指していきました。

2　苦しみをキャッチし、支えを知る

　Cさん夫婦には3人の子どもがいましたが、それぞれに独立し、一番上の長女以外の2人は疎遠になっていました。長女は月に1度、家を訪問していましたが、病名は知らされていませんでした。Dケアマネジャーは長女も含めて、離れて暮らす2人の子ども（長男、次男）にも本当のことを話して協力を求めてみてはと提案しましたが、Cさん夫婦は頑として受け付けませんでした。特に夫は、長男の話になると全く聞く耳を持ちませんでした。それでもなんとか長女に病名を告げて、今後の協力を得る、というところまでは聞き入れてもらい、少し状況が望む方向へ進み始めました。Dケアマネジャーは、長男、次男とCさん夫婦の関係について、思い切って長女に聞いてみました。すると、「父と長男、あの2人は性格が似ていて……。何かとぶつかり、対立していたんです。昔、父と長男がかなりの大喧嘩をして、長男が家を出ていき、そんな父に愛想を尽かした次男も家に寄り付かなくなってしまった」とのことでした。けれども、母とだけはたまに電話でやりとりをしていたことや、母が長男をとても愛していたことなどを聞き、Dケアマネジャーは「このままALSの進行に伴ってCさんが言葉を失う前に、長男、次男とお父さんの関係を修復できないものでしょうか。Cさんのためにも……」と長女に相談しました。長女を交えた、Cさん夫婦との話し合いで、DケアマネジャーはALSの今後の進行のことを話し、このまま、大切な息子さんたちと会えなくて

も本当に良いのか、Cさんに尋ねました。長い沈黙の後でCさんは涙を流しながら「話ができるうちに会いたい」と絞り出すように言いました。あまり弱音を吐かないCさんの苦しみが溢れ出す瞬間でした。それを聞いた夫も、今自分にできることはこれだったのか、自分も悪かったと常々反省しては、2人の息子の身を案じていたのだと涙を流し、2人の子どもにCさんの病気について伝えることを快く了承してくれました。

その後、駆け付けた長男、次男と夫の葛藤は続いたものの、Cさんと息子たちの関係性は修復し、一番近くで支える夫の苦しみはいつしか支えとなって、3人の子どもたち、家族全員が協力してCさんの生きる支えとなったのでした。

本来は支えであるはずの家族が不在であったり、関係性が希薄になっていたり、場合によっては歪みが生じていることもあるでしょう。Cさん夫婦と子どもたちのように関係が修復できるケースばかりではないと思います。しかし、不治の病や看取りを前にした時、家族の力は大きな支えになることがあります。まずは、その人の支えを共に見つめて、そして強めることを考えてみることが大切です。

私たちケアマネジャーは診断もケアも治療もできません。しかし、事例の展開のように援助的コミュニケーションを用いて、その人の声に全身全霊で耳を傾け、その人にとって「わかってくれる人」であろうと心がけ、その上で苦しみをキャッチし、その人の支えもキャッチするように努めます。そうすることで、心の奥深くにしまってある思いや声にならない声、消えかかった力を引き出すことができるのだと思います。目には見えなくても、形にはならなくても。私たちには利用者・家族、支援者の心を穏やかに豊かに保つことができます。そして、痛みや苦しみを和らげる存在として、可能な限り傍に居続けることができる、他の職種にはないケアマネジャーならではの役割があるのです。

4 支援者支援の視点

1 自由裁量と孤独

　ケアマネジャーは一人ぼっちです。チームの中で単独で行動する代表的職種に医師やケアマネジャーが挙げられます。訪問看護や介護、福祉用具も複数で動くことが多い中、ケアマネジャーは単独で、アウェーである相手の自宅に訪問し、多岐にわたるさまざまな相談に乗り、多職種へ連絡をしたり、調整を図るという流れがスタンダードです。単独行動であるからこそ動きやすくもありますが、「利用者さんのために」と思う気持ちが先行し、ついつい独走状態に陥ったり、ふと振り返ると1人取り残されているようなこともしばしばあります。この「単独行動」という仕組みがケアマネジャーのメリットでありデメリットとなり、ケアマネジャーを孤独にしてしまう理由の1つでもあるのではないでしょうか。最近では、地域でも2人体制が取れる事業所があったり、事業所によっては主と副、そして管理者で担当をする仕組みが新たに作られてきています。しかし、現状はまだまだ1人体制が主流で、ケアマネジャーは一匹狼として自由裁量と引き換えの苦しみや悩みを抱えている状況にあります。

2 誰かの支えになるということ

　現場では最前線に立ち、制度が変われば行政の移動窓口となり、制度の

第1章

第2章

第3章

ケアマネジャーだからこそできる支援

第4章

第5章

変更点をいち早く説明して、書類を示したり、さまざまなサービスの変更点についても懇切丁寧に説明をするという役割を担います。守備範囲が広いがゆえに、つい抱え込んでしまうことも多く、偏りや相談がし難い環境を作り出してしまいます。

　また、地域に根差していることも多く、事業所を出たからといって解放されるわけでもありません。休日も頭の中では利用者さんのことを考え、自転車に乗れば本人・家族とすれ違います。いつもの道や見慣れた風景に、たくさんの思い出が溢れ、思い出とともに苦しみも、（なかなか外に出す機会に恵まれずに）ひっそりと自分の心の奥底にしまい込んではいないでしょうか。

　考えていただきたいのは、どんな仕事であっても、友人や家族の相談を受ける時でも、「誰かの支えになる」ためには、私たちの心身が健やかで、そこにしなやかさがなければとても引き受けることはできないということです。それが仕事であればなおさら、長く続けるには健康が第一です。健全な心身にこそ健全な思考が宿るといいます。逆に言えば、私たちが疲れている時には良いひらめきは起こらず、寝不足や過労が続くと踏ん張りはきかなくなります。

　本人の、家族の、同僚の、自分の家族の……、さまざまな支えを続けていくには、自分自身の心身を健全に保つことを第一に考えるべきなのです。

3　しなやかさ（レジリエンス）と危機（バーンアウト）

　前述した「しなやかさ」とは言い換えれば、心の柔軟性です。心が柳の枝のように柔らかくしなやかであれば、どんな困難なことであっても耐えられる、あるいは折れずに跳ね返す力となります。そう、その力がレジリエンスです。

　しかし、個人差はありますが、そうしたしなやかさを身につけるには時間がかかります。新人から3年目、5年目と経験を積む中で、うまくし

なやかさを身につけられればよいのですが、そうではないケースもまま見受けられます。ケアマネジャーが自身のレジリエンスを強めることの大切さを、次の事例を通して考えてみましょう。1つの例として、ある新人の例を挙げます。

　彼女は1年目こそある程度、先輩に相談をして順調に仕事をしていましたが、2年目になり後輩が入ると、そうしてばかりもいられなくなりました。担当するケースの数もそれなりに増え、重層的な問題を含むケースが増えてきてもなかなか他の人に相談ができず、だんだんと疲れていきました。それでも何とかやる気を奮い立たせ、2年目を乗り切った頃、余力はなくなり体力的にも限界を迎えました。ある程度の経験を積み、新人の頃には思いもつかなかったさまざまな疑問や迷い、葛藤が増えてもきました。にもかかわらず、弱音も吐けず、苦しくても苦しくないように振る舞い、笑顔を作って「誰かのために」訪問を続けました。そして3年目、いわゆる「支援困難ケース」と呼ばれる多問題が重なるケースも担当するようになると、心の苦しみのピークが訪れました。事業所の中では中堅となり、上にも下にも相談ができず、利用者やサービス事業所からも頼りにされ始め、もはや「困った、助けて」と手を挙げることも叶わない自分がいました。そして心身の苦しみが限界を超え、悲劇がやってきました。誰にも言えずに抱え込んでしまった苦しみが大きく膨らんだ結果、心身を壊して出勤することができなくなったのです……。私自身、そんな仲間をたくさん見てきましたが、皆さんの周囲でも同じようなことが起こってはいないでしょうか。

4　支援者支援（ピアサポート）

　苦しんでいる人を支えるということは、同時に、共にその苦しみを味わうことでもあります。ですから、ケアマネジャーには、相談者の数だけ苦しみが存在します。私たちはその数をそのまま引き受けてしまったら、

苦しみに溢れ、潰れてしまうことは想像に難くありません。ましてや、看取りを前にした本人・家族の苦しみを共に味わうというのは殊更に苦しいことです。だからこそ、私たちは自分自身の苦しみを敏感にキャッチし、それを、そのまましまい込まずに、外に出し、手放してゆく必要があります。そのためには「誰かを支える私たちの支え」を知り、その支えを強化していく必要があるのです。

その有効な手段がピアサポートです。ピアサポートは当事者同士が互いに支え合うことをいいますが、ここでは、支援者が支援者を支えていくということです。そうは言っても支援者同士の支え合いの場は少ないかもしれません。そこで、現在ケアマネジメントの分野で機能しているものを活用することが考えられます。それが事例指導（検討・研究）とスーパービジョンです。

「事例指導」とは、日常業務や法定研修等の中で行われることが多い「振り返りの機会」です。事例指導は主に職場の上司や主任ケアマネジャーが行い、1対1で実際の事例に向き合います。目的はケアマネジャーのスキルアップですが、自ら課題解決ができるような実践力の養成を段階的に目指すものであり、担当事例のケアマネジメントについて具体的な指導・支援を行うものです。

一方、「事例検討」の場合は、担当ケアマネジャーを含む複数のケアマネジャーや多職種と共に考え、討論し、学び合っていく場となります。事例検討の場合は、担当ケアマネジャー以外のケアマネジャー・多職種にも類似のスキルアップ課題があるため、それぞれの職種や立場における意見交換を行い、学び合う中でそれぞれの内面で気づきが起こり、視点が広がるような相互作用が生まれます。「事例指導」のように1対1ではないので、緊張感が少ないことがメリットであり、一方、集まるメンバーによって気づきの方向性や深まりに偏りが生じるデメリットもあります。

さらに、「事例研究」では、1つの事例を丁寧に読み解く中で見えてきたことを深めて整理し、地域課題の解決に向けた具体策を検討してい

きます。地域包括ケアの実現に向けて、個々の事例から見えてきたことを普遍化（一般化）し、他の事例でも類似する生活課題を探し、不足している社会資源や機能不全に陥っている制度や仕組み、必要となるネットワークの構築等、事業所や個人を超えたケアマネジメントの成果を活用して自らの地域に働きかける応用力をつけることを目標とします。事例指導・事例検討・事例研究という段階を経た学び方は法定研修等でも実施されており、普及しつつあります。いずれにしても、このシステムにおけるサポート機能を上手に活用することで、胸にため込んだ苦しみや悩みを、守秘義務をもった仲間と分かち合う機会が生まれます。

　また、ケアマネジャーのサポートに資するものとして「スーパービジョン」があります。詳しくは他書に譲りますが、スーパービジョンには3つの機能（支持的機能、教育的機能、管理的機能）があり、この中の支持的機能が私たちの支えを強めてくれるでしょう。

　この支持的機能は、さまざまな課題を抱え、不安や迷いの中にある私たちをエンパワメントし、心理的・精神的にサポートしてくれる機能です。例えば、バーンアウトしそうな人の苦しみを吐き出させたり、痛みや葛藤を軽減しながらも自己覚知や自己実現を促していく機能です。

　事例指導（検討・研究）にせよスーパービジョンにせよ、自分1人では気づけない自分自身のことや、抱え込んで手放せない苦しみ自体に気づく

●事例指導・検討・研究のメリット、デメリット

	事例指導	事例検討	事例研究	SV
メリット	個別指導により、スキルアップが図れる	具体的な方策・手段が見つかる 参加者全員にとって気づきが起こり得る（相互作用）	地域課題の発見と解決につながる	さまざまな事例を通してレジリエンスを高めることができる
デメリット	指導側の力量に左右される	複数参加のため緊張感の欠如 メンバーと地域によって内容に偏りが生じる	研究手法や方向を誤ると効果が発揮されにくい	事例より個（提出者）に焦点が当たる（苦しく感じることもある）

ために大変有効なシステムです。支えを強めていくために有効に活用したいものです。

5　バーンアウトを予防するために

　私自身が、ピアサポートを用いてバーンアウトを防ぐことができた経験がありますので、ご紹介します。

　私が苦しくなり始めたのは3年目。それまでは苦しみにさえ、気がつく暇もありませんでした。毎日が慌しく過ぎていく中で、体力的にも精神的にも苦しくなり、3年目が終わる頃には自分の中に苦しみがどんどん蓄積されて大きくなっていきました。まだ地域包括支援センターもない頃で、ケースについて相談する先もなく、誰にも本音で話せない、それでも歯を食いしばり、4、5年目も乗り切りました。その後、主任ケアマネジャーという役割ができて、地域包括支援センターもできました。こうした制度の転換期に、私にも転機が訪れました。

　その当時、次々に同僚が心や体を壊して辞めていき、私は何とかしなければと焦っていました。地域でできることを探し、学ぶ場を探す日々の中でスーパービジョンを知り、人生初となるスーパーバイザーと出会ったのでした。これだと直感した私は、先生にお願いし、周りの仲間に声をかけ、グループスーパービジョン（GSV）の仲間とピアサポートの場をコツコツと作っていきました。

　忙しい日々の中、これまでは日々の実践を言葉にしたことがありませんでしたが、「逐語録」をつけて自分の援助を振り返ることで自身の抱える苦しみを言語化する手法を学びました。そうした苦しみも含めて事例をまとめ、GSVを受ける機会は苦しい機会でもあり、自分の足元をしっかり見つめる経験となりました。こうした自身の言動を文字にして客観的に見つめる経験は、やがて私の大切な血となり肉となり、援助の骨格を作ってくれたのだと思います。

しなやかさは経験が作ると述べましたが、同時に苦しみの中から生まれるものなのかもしれません。GSVという、年齢も、基礎となる職種も、働く場も、地域も、倫理や価値観も異なる仲間たちと自分の思いを語れる場で、私は苦しみを言葉にして自分の外に出し、誰かに伝えるということを覚えました。また、書くことにより感情が整理され、内省につながり、苦しみから学ぶ姿勢を身につけることができるようになっていきました。その温かなピアサポートの場でたくさんの気づきと学びが生まれ、そこでもらった一言一言は、今も私の核にあります。

　こうしたたくさんの出会いのおかげで、バーンアウトせずに今も、ケアマネジャーとして地域を自転車で駆け回れる私がいるのだと思います。もちろん支えてくれた家族や仲間の存在が大きかったのですが、それだけでなく、思い切り身体を動かし、大きな声で笑い、自然の中に身を投じたり、自分の大切な人と一緒に時間を過ごし、美味しい物を食べたり、完全OFFな私を作ったり、そんなゆったりとした時間の中でしか見えない何かの支えもあるのだと思います。

　自分を大切にできるのは自分だけです。誰かを慈しむように自分を愛しんでみましょう。すると不思議なことに力は抜け、いつも自然体でいられるようになります。誰かを大切にするように、自分も大切にできるようになると、長く誰かのために支えとなれる笑顔の自分が育ってきます。笑顔は笑顔を呼び、笑顔のもとには福が集まります。たとえ外で傷つき、苦しみに触れたとしても、笑顔の溢れる事業所であれば誰もが早く戻りたい、温かな癒しの場所、安息の場所となるでしょう。誰かの苦しみを支える私たちにこそ、支えは常に必要だということを胸に刻んでおいてください。

5 ディグニティセラピー

1 ディグニティセラピーとは

ディグニティセラピー（Dignity Therapy）は、終末期の利用者さんのスピリチュアルケアの1つとして利用者さんの尊厳（dignity）を維持することを目的とする精神療法的アプローチの1つです。

カナダのマニトバ大学精神科教授チョチノフ博士によって2005年に考案されました。手法としては、終末期の利用者さんが、9つの質問を中心としたやりとりを経て、これまでの人生を振り返り、自分にとって最も大切なことを明らかにしたり、家族や周りの人々に一番憶えておいてほしいものについて話をする機会や「大切な人に宛てた手紙」という形で記録を作る機会を提供するものです。

2 ディグニティセラピーの方法

利用者さんに、①9つの質問に沿って（158ページ参照）、家族や友人に伝えたいことを語ってもらいます。②それをICレコーダーに録音し、逐語録にします。③その逐語録を基に面接者（援助者）が文章を作成します。④出来上がった文章を利用者さんの前で読み上げ、利用者さんと共に確認、訂正を行います。④で出来上がった文章を清書し、伝えたい相手に郵送ないし手渡しで届けます。

3 その効果

　終末期にある利用者さんにとって、医療、福祉とのかかわりは治療や検査によるものが大きい中で、ディグニティセラピーによって誇りや尊厳を取り戻し、残された日々をどう生きるべきかを考えるきっかけにできるでしょう。また、家族にとっては、利用者本人の気持ちを知り、形に残すことで大切な思いが残り、グリーフケアとして作用します。

　そして、援助者（特にケアマネジャー）にとっても終末期にある本人・家族に対して、してあげることのできる支援となります。死を前にした人に対して、何もできないと感じているケアマネジャーにこそ、取り組んでほしい手法といえます。

ディグニティセラピーの9つの質問

1　あなたの人生において、特に、あなたが一番憶えていること、最も大切だと考えていることは、どんなことでしょう？
　あなたが一番生き生きしていたと思うのは、いつ頃ですか？

2　あなた自身について家族に知っておいてほしいこととか、家族に憶えておいてほしいことが、何か特別にありますか？

3　（家族としての役割、職業上の役割、そして地域での役割などで）あなたが人生において果たした役割のうち最も大切なものは、何でしょう？なぜそれはあなたにとって重要なのでしょう、そして、その役割において、あなたは何を成し遂げたのだと思いますか？

4　あなたにとって最も重要な達成は、何でしょう？　何に一番誇りを感じていますか？

5　あなたが愛する人たちに言っておかなければならないと未だに感じていることとか、もう一度言っておきたいことが、ありますか？

6　愛する人たちに対するあなたの希望や夢は、どんなことでしょう？

7　あなたが人生から学んだことで、他の人たちに伝えておきたいことは、どんなことですか？

（息子、娘、夫／妻、両親などに）残しておきたいアドバイスないし導きの言葉は、どんなものでしょう？

8　将来、家族の役に立つように、残しておきたい言葉ないし指示などはありますか？

9　この永久記録を作るにあたって、含めておきたいものが他にありますか？

4　ケアマネジャーが行うディグニティセラピー

　本来のディグニティセラピーは、終末期にある利用者さんに対して、尊厳を守り、あるいは取り戻すために行われるものですが、私たちケアマネジャーが行うディグニティセラピーとはどのようなものでしょうか。

　苦しみは、人生の最終段階にのみ訪れるものではありません。私たちのごく当たり前の生活の中に日々、大小さまざまな形で現れる、誰もが向き合っているものですね。その視点を持ち、地域で暮らす生活者に対し、地域で暮らす生活者の視点から「尊厳」や「支え」を丁寧に見つめ、皆で確認をしていくことができるように働きかけることが、私たちケアマネジャーにできるディグニティセラピーの特徴ではないでしょうか。本来のディグニティティセラピーに比べてその苦しみの程度により、その時期や、かける時間（期間）もさまざまで良く、暮らしの中に起こる変化やその時々の生活やペースに寄り添ったものであって良いと思うのです。私たちが築いた信頼関係を拠り所に、よそ行きではない、心からの語りが聴けるのではないでしょうか。

　このように普段のかかわりから、「尊厳」や「支え」を意識した取り組みをしていく中で、「死」に向き合って、大切にしてきたこと、伝えたい思いを形にし、逝く人と残される人が理解し合うという作業は、ある程度余裕のある段階から始めておくことが重要だと思います。十分に考える時間があれば、より自分らしい選択、人生の振り返りへとつながり、こ

159

れからの生き方を考える良い機会となるでしょう。ですから、私たちはその時を逸しないようにタイミング良く働きかけたいところです。

5 認知症を患う人への支援

　生活を支える私たちが多く出会う苦しみの1つに「認知症」がありますね。

　早期であればあるほど、本人・家族の混乱や不安は大きいでしょう。それなのに、早期の場合、定期的にかかわる人（専門職）は少なく、あっても頻度は低く、その現実を知らされる人、伝える人もまた少ないという実情があり、1人でその不安や苦しみと闘っている人は少なくないのではないでしょうか。

　ケアマネジャーの行うディグニティセラピーを「認知症」を患う方に対して行う重要性や必要性は高いと思います。なぜなら、認知症と偶然診断を受ける人は少なく、多くの方は日常生活におけるさまざまな場面で自分の中に起こっている変化に気づき、不安や苦しみを少なからず抱えながら診断を受け止めており、私たちは比較的早期からその人の「生活」にかかわり始めることが多いからです。この先、私が私らしく生きられないかもしれない、という不安はまさしく人生の終わりの宣告に匹敵するものでしょう。失われゆく記憶、それまでできたことができなくなる寂しさと対峙しながら、その人は何を思うでしょうか。私が私らしくいられなくなっても、私はこうありたい、私はこう暮らしていきたい、こんなふうに最期を迎えたい。その気持ちや願いは、治療に対するものではなく、日々の生活に対する意向ではないでしょうか。その生活（生きること）に対する具体的な意向や願いを、しっかりと書き留めて、その先を支える家族や支援者へとつないでゆく大きな役割が私たちにはあるのです。

6 事例から学ぶディグニティセラピー

本人に対するケアと残される人へのグリーフケア

Eさん（88歳・女性・独居）は肺がん末期で、離れて暮らす長女（58歳）は高校教師として充実した日々を送っていました。

Eさんは料理が大好きで甘い物に目がなく、TVショッピングや広告を見て、全国の旨いもの、スイーツを取り寄せては来訪者にふるまっていました。糖尿病境界域であったため、毎月通院し血液検査もしていましたが、大きな変化はなく経過、70代に外出先で転んで大腿骨頸部骨折をした以外には特にケガも病気もせず元気に独り暮らしを満喫していました。

そんなある日、風邪をひいたと思い受診。薬も指示通りに飲んでいましたが、なかなか治らず、とうとう高熱を出して夜中に救急搬送。駆けつけた長女とEさんに告げられた病名は肺がん末期でした。Eさんは「あれだけきちんと病院に通って、年に1度はレントゲン検査も受けていたのに」とショックを受けてふさぎ込みました。住み慣れた自宅で最期まで過ごしたいというEさんと仕事が忙しく泊まりでの介護や頻繁な訪問はできないという長女。Eさんの顔から笑顔が消え、食欲もなくなり、床に臥せっている時間が長くなりました。

そんな母の姿を見かねて、長女は泊まることは難しくとも、せめてできることをしたいと頻繁に訪ねてくるようになりました。そんな折に、Eさんの最期への希望と、長女にできることを皆で話し合う場としての担当者会議を行いました。長女は、どんなことが得意で、どんなことに不安を持っていて、心身の負担となり得ることはどんなことなのか、学校の授業やその準備、通勤にかかる時間、長女の家族はどう思っているのかなど、母娘の生い立ちから現在までの生活を丁寧に振り返っていきました。また、Eさんの希望は、「TVショッピングの時間はTVをつける」「申し込みはその日のうちにヘルパーと本人がする」「毎日少しで良いから甘い物が食べたい」「暗いと不安になるので夜中でも電気を消さない」

「体の不調や痛みの相談は長年の主治医にしたい」などでした。

　こうしたことをケアマネジャーだけでなく、主治医・看護師・ヘルパー、福祉用具専門相談員、PTというチームで受け止めました。そのことについて、Eさんは「私のことをこんなに皆さんが思ってくれている。それが何より嬉しい」と言われました。また、長女も「希望を明らかにしたことで、不安や苦痛を、母も私も我慢しなくてよくなりました」と語ってくれました。

　Eさんの最期に向けて、2人の関係がとても良くなっていると判断したケアマネジャーは、Eさんに長女への手紙を書いてもらいました。ディグニティセラピーです。

　「私が大切にしてきたことは家族の笑顔です。特に1人娘のあなたの笑顔は何より私の幸せです。それは今も変わっていません。私はこの先、あまり長くは生きられないことがわかっています。でも悲しまないでくださいね。私はここでできる限りの時間をもらって自分の人生の整理をしたいと思っています。ゆっくりと自分の力で、できるときにやっていきたいのです。今は1人でも大丈夫です。ヘルパーさんや看護師さんが来てくれて、ケアマネさんも先生も来てくれるから、怖くはありません。あなたはあなたの道を大切にして、あなたの家族を大切にしてください。

あなたの父も立派な教師でした。あなたも父の血を継いで立派な教師になりましたね。途中で投げ出してはいけません。大切な生徒のそばにいて、生徒を守り抜きなさい。私のことなら大丈夫です。苦しくなったらあなたに伝えることにしますから。最期は病院が良いと思っています。大丈夫、私が人生を全うする時にはちゃんとお迎えがきますからね。誰にでも最期の時は訪れます。心配しないでいつでも笑顔を忘れずに」

　Eさんは亡くなる3日前まで自宅で過ごされ、自分で病院に行くその時を知らせてくれました。そして、長女が病院に到着し、一言交わしてからお別れとなったのでした。

　それからしばらくして、長女が会いにこられて、「人生で初めてもらった母からの手紙には大変驚きましたが、今もその手紙が私を支えてくれています」と話してくれました。最期に過ごした日々と母からの手紙が、遺された長女のグリーフケアにつながっていました。

　私は、このEさんと長女にたくさんのことを学ばせていただきました。それぞれの不安や苦しみ、そして支えを早い時点で「明らかにした」ことで、自分らしい言葉や表情でいられる幸せにつながったのだと思います。

　それから、死を受け止める時、少しばかりのハプニングと迷惑が家族には必要なのではないか、行き届いた死が良い死ではないということに気づかせてもらいました。苦しみや悲しみの残り方は人それぞれです。やるだけやったから後悔が少ない人もいれば、やるだけやったからこそ悲しみが重なってしまう人もいるでしょう。

　では、何が遺される人の支えとなり、何がその支えを強められるのでしょうか。どんな向き合い方をすれば良いのか、限界はどこなのか、負担できる迷惑とできない迷惑など、その種類や程度を見極めるのがケアマネジャーの役割なのだと思います。そしてそれこそが、私たちにできるグリーフケアなのではないでしょうか。なぜなら、その1つひとつがその人の人生の大切な思い出となり、宝になり得るのですから。

7 難しさとメリット

　最後に、ディグニティセラピーの難しさとメリットについて触れておきます。

　ディグニティセラピーでは、「死」に触れざるを得ません。しかし、「死」はどうしてもマイナスのイメージを与え、語り手の口を閉ざし、聞き手の耳をふさいでしまうものです。誰もが「死」を恐れ、忌み嫌うもの。それは、セラピーに取り組む支援者にとっても同様で、バリアになってしまうのです。死は未だに誰にも解決ができない大きな課題であり、誰にも死に方は選べないため、死に触れること、死を連想させることがタブー視されている……これが難しさです。

　しかし、捉え方を変えること、メリットをしっかり考えることで、受け入れやすくすることができると思います。死に方が選べないならば、生き方を選ぶという視点で捉えましょう。

　誰にでも生き方は選べますし、生き方は10人いれば10通りと、1つではないように、答えはいつも1つではありません。私たちは常にできるだけ多くの選択肢を持てるように努力し、ギリギリまで揺れながら、その最善の道を悩み考え、自分で選ぶことができるはずです。それこそ私たちが大切にしたい「尊厳＝ディグニティ」であり、生き方を選ぶためのディグニティセラピーなのです。

　また、最初に行う面接よりも、2度目、3度目のほうが手ごたえの得られる面接ができるのと同様に、受ける側も3度目くらいでようやく何を話しているのか理解できるということがよく起こります。このことは、未だ解明されていない「死」に対する「意思決定支援」という場面も同じだと思います。初めてより回を重ねているほうがわかりやすくなるでしょうし、何度も話し合いに参加をするからこそ、内容（ここで言う死）についても理解がしやすくなるのです。

　何度も参加をすることが「死」という大きな課題を少しずつ解決して、

第1章

第2章

第3章

ケアマネジャーだからこそできる支援

第4章

第5章

「死」を取り巻くガードをゆるめ、肯定感を作り出します。ですから、何度も話し合う場を設けることが重要なのです。

　皆でたくさんの場面を想定しながら、たくさんの意見を出し合い、「あの時、こう言っていたな」「こうだったら良いけれど、こういうのはあまり好きではない」など具体的に後悔につながることを減らし、理解・納得できることを増やしていくためにも、何度も話し合う場が必要なのではないかと考えます。

　このように、「死」へのハードルを下げていくことも大きなメリットと言えますが、最大のメリットは「尊厳」をみんなで理解して、尊重することで、本人の「生きる力」を支え、最期まで穏やかな心で暮らせることだと考えます。

　人生や病に傷つき、生きる力が弱った時、信頼できる誰かと共に自身の人生を丁寧に振り返り、「尊厳」を見つめてみることで穏やかな時（表情）を取り戻すことができるかもしれません。思いは口に出し、思いを自分の中から取り出して誰かに伝えることで自分の気持ちに気づくことがありますね。自分の中だけで大切にしまいこんでいては、自分の気持ちにも気づけずに苦しみは増すばかりかもしれません。今がすべてではありません。人生で一番輝いていた時、そこにはどんな景色があって、傍にどんな人が一緒にいたのか、その場面を1枚の写真に切り取るとしたら、どんな写真になるのでしょうか。そこから見えてくる「尊厳」を見つめてみることが、穏やかさに向かう第1歩になり得るのだと思うのです。

6 利用者主体のQOL評価

1 QOLの見える化

　QOL（クオリティ・オブ・ライフ）は生活の質のことですが、単純にADLの自立だけにとどまらず、精神面も含めた生活全体の豊かさや自己実現も含めたものであり、この評価尺度は利用者自身にあります。

　ターミナルケアや緩和ケアといった人生の最終段階のケアの中でも、QOLの維持・向上が謳われています。それだけ、重要視されているQOLですが、前述した通り利用者自身が評価するため、他者の目には見えません。だからこそ、その人のQOLの維持・向上を目指すためには、まずそれぞれのQOLを知り、理解することが必要で、客観視できるように見える化を図る必要があるのではないでしょうか。

2 SEIQoL－DWによるQOL評価 [1][2]

　SEIQoL-DW（シィクォールDW）とは、その人が大切に思う領域に焦点を当ててQOLを評価する方法で、面接により行われます。

　面接ではまず、「生活の中で最も大切な領域（事柄）は何ですか？」と質問し、最も大切な5つの領域を挙げてもらいます。次に「各領域はどのくらい良い状態ですか？」と質問し、領域ごとの満足度をVASスケール（0-100）でうかがいます。最後に「各領域が全体の中でどのくらい重要です

か」と質問し、それぞれの領域の重要性の割合（ウエイト）を専用の円盤スケール（図1）を用いて表現してもらいます。このスケールは面積を自由に変えられる5色の部分からなり、円盤の縁の目盛から各部分の割合を簡単に計測できるようになっています。大切と思う5つの領域をマーカーで書き込み、その人が各部分を動かしてウエイトを表現します。面積が広いほどその人にとって重要度が高く、狭いほど重要度が低いということで、各領域のウエイトが一目でわかるようになっています。

　その上で、各領域の満足度（0-100）×各領域のウエイト（0-100%）の合計を個人のQOL値（SEIQoL-index）として算出します。個人のQOL値は必ず0から100までの値となります。

●図1　重要性の割合を計る専用スケール

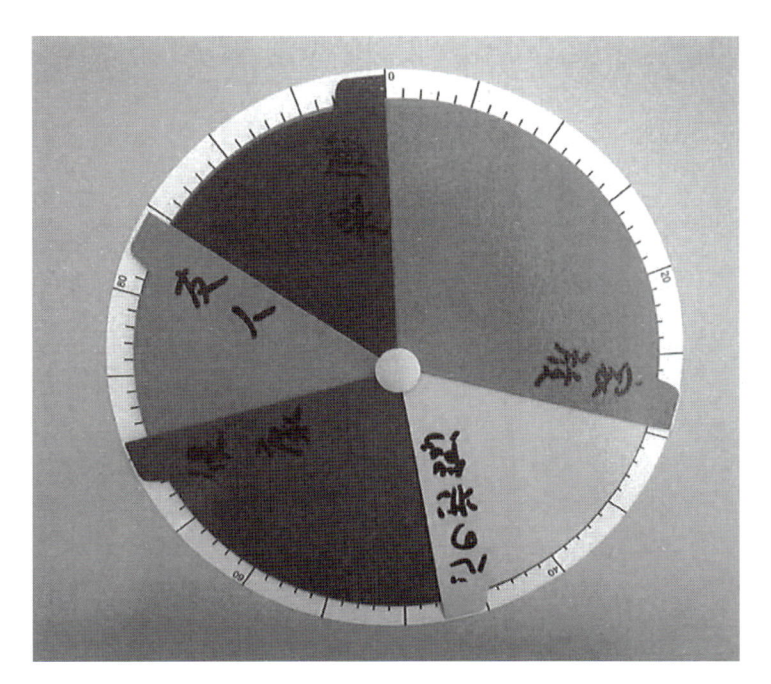

3 SEIQoL-DWを用いた事例 [3)4)]

事例1 Aさんは病院に通院して抗がん剤の治療を受けている51歳の子宮がんの患者でPSは1でした。Aさんの大切に思う5つの領域は「病気の治療」「子どもの成長」「家事」「親の介護」「ボランティア」で、それぞれの領域の満足度は図2の通りでした。「病気の治療」の満足度が低いのは、現在受けている抗がん剤は3つ目で、治療が上手くいっている感じはなかったからです。主治医からはこれが効かなければもう治療法はないとも言われていました。また、「親の介護」と「ボランティア」に関しては、現在は病気の治療に専念しているため、ほとんどできていないという評価でした。それぞれの領域のウエイトは図3のようになりました。もっともウエイトが大きな領域は「病気の治療」でした。個人のQOL値の算出は表1のようになります。AさんのQOL値は48.55と低い値になりました。低い値になった理由は「病気の治療」の満足度が低く、そのウエイトが大きかったためと考えられます。

●図2　Aさんの大切な領域の満足度

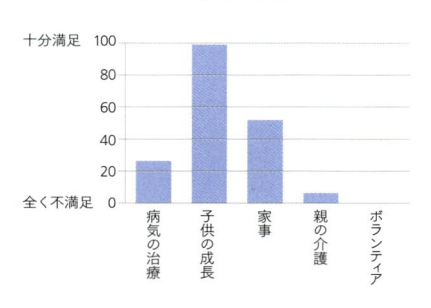

●図3　Aさんの大切な領域のウエイト

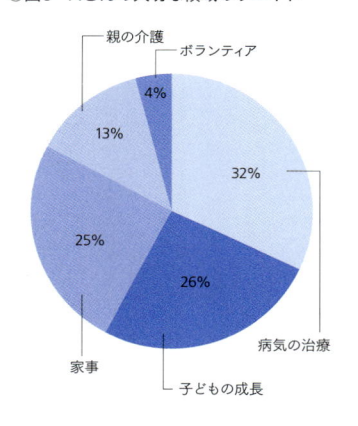

●表1　Aさんの個人のQOL値の算出

大切な領域	満足度	ウエイト	満足度×ウエイト
病気の治療	27	32%	8.64
子どもの成長	100	26%	26.00
家事	53	25%	13.25
親の介護	7	13%	0.91
ボランティア	0	4%	0.00
		SEIQoL-Index	48.55

第1章

第2章

第3章
ケアマネジャーだからこそできる支援

第4章

第5章

事例2　Bさんは51歳で肺がんの男性で緩和ケア病棟入院中の患者です。骨転移による下肢麻痺のためPSは4でした。Bさんの5つの大切な領域は「家族」「自分の気持ち」「体調」「周囲のやさしさ」「趣味」でした。「自分の気持ち」とはどんな病状であっても前向きの気持ちでいられることを意味していました。また、「趣味」はバイクのことで、かつてBさんはハーレーダビッドソンのバイクに乗っていた方でした。現在はバイクに乗ることはできませんが、病室でバイクの雑誌を眺めることがBさんにとっての「趣味」でした。

それぞれの領域の満足度とウエイトはそれぞれ図4、図5のようになりました。

個人のQOL値の算出は表2のようになり、値は85.25とかなりの高い値になりました。

高い値となった理由は、「家族」の満足がとても高く、しかもそのウエイトが大きかったからです。

●図4　Bさんの大切な領域の満足度

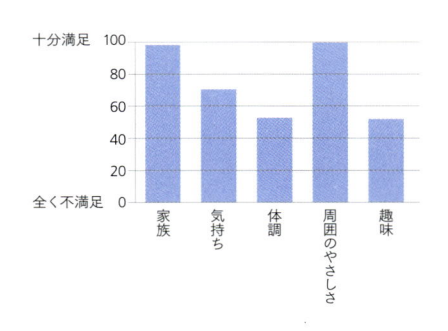

●図5　Bさんの大切な領域のウエイト

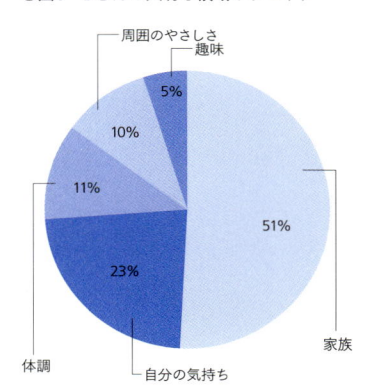

●表2　Bさんの個人のQOL値の算出

大切な領域	満足度	ウエイト	満足度×ウエイト
家族	99	51%	50.49
気持ち	71	23%	16.33
体調	53	11%	5.83
周囲のやさしさ	100	10%	10.00
趣味	52	5%	2.6
		SEIQoL-Index	85.25

4 最期までQOLを向上させるためには？

　病気の進行に伴って、全身状態は下がっていくことは間違いありません。その際に図6のようにQOLを維持・向上させることは可能でしょうか？　それは、OQLをSEIQoL-DWのように、その人が何を大切に思うかに焦点を当てて捉えれば不可能ではなくなります。先ほどの事例でBさんはPS4でしたので、PS1のAさんと比べると全身状態は悪いことになりますが、BさんのQOL値は85.25で、Aさんの48.55よりも高値でした。

　では全身状態が低下した状態でQOLが上がるとはどういうことでしょうか？　SEIQoL-DWの考え方からするとポイントは次の3つです。1つ目は大切に思う領域の満足が上がることです。しかし、全身状態が低下した状態ではやり方や自分の物差しを変化させる必要があります。Bさんは「もうバイクに乗れなくなってしまったけれど、今は雑誌を眺めるだけでもいいんだ」というようにやり方と自分の物差しを変える力を持っていました。2つ目は大切な領域のウエイトを変化させることです。Bさんは「家族」のウエイトが51％と大きかったのですが、病気になる前は違っていたかもしれません。3つ目は新たに大切なことを見出すことです。人は病気になることによって失うことはたくさんありますが、逆に新たに大切に思えることを見い出すこともあります。Bさんは大切な領域に「周囲のやさしさ」を挙げていましたが、今のような状況に置かれて初めてそう感じるようになったと語られました。

　これらの3つのことは、人が病と共に生きていくために自分で行う作業であり、人は本来そのような力を持っています。私たちの仕事はまさに、そのような人を支援することだと思われます。

第1章

第2章

第3章
ケアマネジャーだからこそできる支援

第4章

第5章

●図6　全人状態とQOLの変化のイメージ

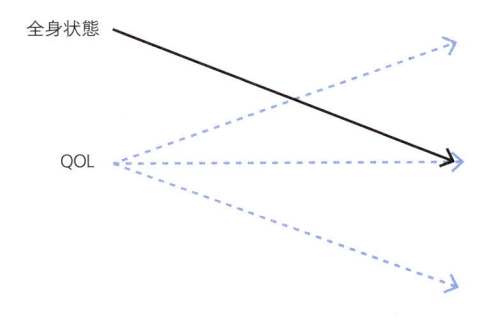

5　ケアマネジャーも使ってみよう

　本章では、私たちケアマネジャーにも取り組める手法として、ディグニティセラピーやSEIQoL-DWを紹介してきました。どちらも、利用者さんの尊厳や大事にしていることを明らかにする、見える化する手法です。それを用いることで何が変わるかといえば、本人だけではなく家族や支援者の勇気となる選択肢や具体的な目標、そしてそれを実現する方法を見出す力が上がることだと思います。

　私たち1人ひとりが学び合い、共有し合うことで、チーム力の向上を図ることが可能になるでしょう。そうしてチーム力の向上が図れると、QOLの向上へと結びついていくのだと思います。ケアマネジャーが1人でできることは大きくはありません。けれども、1人ではできなくても、家族と一緒にならできること、チームであればできること、地域であれば叶えられる希望や生活があります。そこにしっかりとアプローチしていく力こそがケアマネジャーに必要とされている、重要な役割なのだと思うのです。

　繰り返しになりますが、ディグニティセラピーやSEIQoL-DWなどの方法をその場面に応じて用いることで、チーム全体で今重視すべきことが可視化できるようになります。さらにその変化がわかりやすすければ、

見直すタイミングも計りやすいでしょう。

　もう1つ重要なメリットとして客観的指標のもと効果が測定できる、ということが挙げられます。これはまさに私たちが必要とするケアマネジメント技術ではないでしょうか。ケアマネジャーは評価が苦手といわれます。本人から丁寧に聴き、生活への意向や希望、苦しみや支えを知る。そしてその上でしっかりとした根拠を持ち、チームに投げかけ、本人と共に皆で何度も話し合い、これからのことを決めていく。私たちケアマネジャーが学ぶことはまだまだたくさんあり、その先の可能性は無限に広がっていることを感じます。

■引用文献
1）SEIQoL-DW日本語版(暫定版)、秋山美紀訳、大生定義、中島孝監修、2007年3月発行 http://seiqol.jp
2）中島孝．患者もスタッフもいきいきとするケアを行うために－治らない病気とともに生きる患者のQOLを考える．看護管理；22: 563-568、2012
3）坂下美彦, 藤川文子, 秋月晶子, 他．SEIQoL-DW を用いた進行がん患者における大切に思う領域と主観的QOL の縦断的評価. Palliat Care Res 2016;11(1):316-20
4）坂下美彦,　藤里正視．緩和ケア病棟入院患者の大切に思う領域と主観的QOL - SEIOoL-DWを用いて - 死の臨床；41(1):161-165, 2018

7 まとめにかえて

　序章のマンガでは、「もうこの仕事は続けられない」と深い傷を負った
ケイコさんがいました。あの時、田中さんには十分なかかわりができず、
家族との信頼関係も築くことができず、また医療職との良好な連携もで
きずに、後悔だけが残っています。

　けれども、あれから半年が過ぎ、リカ先輩から援助的コミュニケーショ
ンや、具体的な手法であるディグニティセラピー、SEIQoL-DWも学んで、
ケイコさんは大きな成長を遂げました。次ページからのマンガは成長し
たケイコさんの物語です。

　斉藤さんは長年糖尿病を患い、インスリン注射や食事管理が必要です。
また、合併症から視力の問題や足のケアが必要となり、介護保険を利用し
ていました。ケイコさんは、リカさんから引き継いで斉藤さんの担当とな
り、1年が経過したところでした。斉藤さんは自分の先々のことはしっか
り自分で考えておきたいという意思を表明されていたので、ケイコさん
は連携シートを活用して、斉藤さんから最期に対する希望をしっかりと
聴き取っていました。斉藤さんの主治医が、田中さんと同じ市立したまち
総合病院の医師だったこともあり、医療連携室のMSWや連携ナースとの
関係性もさまざまな場面を通じてコツコツと構築してきました。

　そうした矢先に、斉藤さんが倒れたのでした……。

先生からお話が
あります

は……はい！

高橋さんも
同席してもらえ
ますか？

わかりました！

医療連携室

コン
コン

どうぞ

主治医の
井上です

斉藤の娘です

MSWの
山田です

ケアマネの高橋です

最新版の連携シートも
お持ちしました

さて……

先ほど撮った
MRI等の
検査結果を
見たところ

お父様は膵臓に
ステージⅣのがん……
末期がんのあることがわかりました

末期……

手術して
取れないん
ですか？

他の臓器への転移や
年齢を考えると手術は
厳しいです

もってあと数か月かと
思いますが　告知は
どうされますか

告知……

父は気が弱いから
本当のことなんか
言えません

あ……
あのーー

うん……

ちょっと疲れたけど気持ちの整理がついたよ

……以上で9つの質問は終わりです

お疲れ様でした

これでいつお迎えが来ても大丈夫だな

やだあお父さんったら

斉藤さんが退院して数日後——

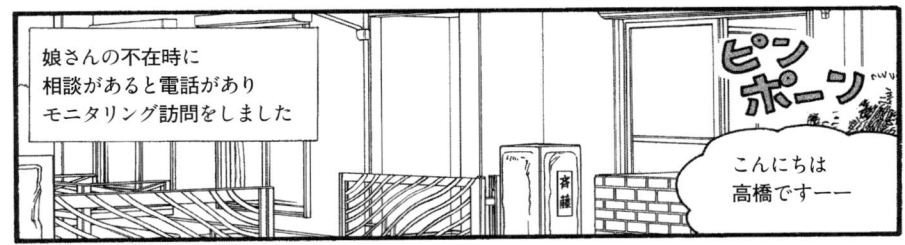

娘さんの不在時に相談があると電話がありモニタリング訪問をしました

ピンポーン

こんにちは高橋ですーー

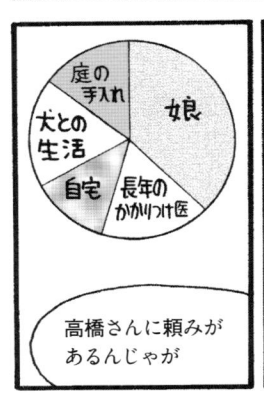

庭の手入れ

犬との生活

娘

自宅

長年のかかりつけ医

高橋さんに頼みがあるんじゃが

わしが死んだらこれを娘に渡してくれんかの?

わかりました

……ほかに今気になっていることはありますか?

第4章

Q&A
こんな時、どうする？

本章ではこれまで学んだことをQ&Aを通して振り返ります。
「看取り」「エンドオブライフ・ケア」「援助的コミュニケーション」
「ディグニティセラピー」について直面する悩みについて、
考え方のヒントを探っていきましょう。

1 看取りについて

Q1 （長年、地域包括支援センターで勤務してきた主任ケアマネジャーより）
異動で初めて居宅の事業所に管理者として配属されましたが、重度の方を担当した経験がありません。そんな折、担当の利用者さんががんと診断され、とても早い経過をたどり一気に終末期になりました。どう動けばよいかわからず、とても不安ですが、今さらこんなこと誰にも相談できません。

 経験によらず"わからないことはわからない"と素直に周囲に伝える勇気を持ちましょう

A 早い経過をたどる終末期は、経験があってもついていくのが大変なケースも多いですよね。経験がなければ不安になるのも当然です。しかも、これまでの経験や管理者としての立場が邪魔をして、人に相談することができず一人悩んでいるのは苦しいことでしょう。しかし、考えてみてください。あなた以上に本人・家族は不安の渦中にあるのだいうことを。私たちに悩んでいる暇はありません。

あなたの苦しみである「経験がないこと」「誰にも相談できないこと」に焦点を当てます。経験がないことは変えようがありません。けれども、誰にも相談できない現状は、少しの勇気を持つことで変えることができます。できることは「素直にチームに相談をすること」ではないでしょうか。主治医や看護師そしてチームメンバーに初めての看取りであることを素直に伝えましょう。誰にでも初めての時はありますから、他者からしてみれば「そうなんですね」の一言で終

わることなのかもしれません。わからないことをわからないと素 直に伝え、専門職にゆだねる姿勢があれば、チームにも助け合い、支え合いの精神が芽生え、連帯感やチームワークにもつながっていくことでしょう。逆に、わからないままにケアマネジャーとしての責務を疎かにしてしまうと、チームはうまく回りませんね。逆も然り。逆の立場が巡ってきた時には、迷わずチームの誰かの苦しみをサポートし、進んで支えとなりましょう。

Q2

看取りにかかわる際は、いつも迷いの連続です。これで良かったのか？　私でなければどうだったのか？　など、不安と後悔ばかりがつきまといます。皆さんも同じなのでしょうか。

 繰り返し、みんなで考え、判断を重ねていくことで、かかわる人すべての不安を軽減します。

A 倫理的ジレンマの問題ですね。例えば、病院と居宅のどちらで看取るか、決めるのは利用者さん、家族ですが、それを支援するのは私たちです。どちらを選んでもこれで良かったのか不安になってしまう……、これはケアマネジャーであれば逃れられない悩みの1つではないでしょうか。

　私たちは相手の抱える苦しみを100％理解することはできません。100％は無理でも、せめて50％、60％理解するためにどうすれば良いか。それは、ACPや意思決定支援でも言われているように、1回で決めず、1人で決めず、繰り返し何回もみんなで考えることで近づいていけるのではないかと思います。利用者さん、家族、主治医や看護師、援助職、そして私たちみんなで聴いて、考えて、決めていく姿勢があれば誰もが抱く迷いや不安は軽減されるのではないでしょうか。そして何より、後悔が少なくなるのではないかと思います。

　ケアマネジャー1人で判断をすれば、ジレンマは尽きませんが、利用者さん、そして家族の話に耳を傾け、かかわる全員でより良い方向を探っていきましょう。

第1章

第2章

第3章

第4章
Q&A　こんな時、どうする？

第5章

Q3 精神障害のある家族のクレームで、いつもチームがバラバラにされてしまいます。利用者さんは温かく、優しい、いわゆる良い人なのに、家族の問題で支援がうまくいかないことが多くて困っています。

> ## まずは協力者を見つけましょう。

A 家族の問題が利用者さんの生活課題になっているパターンですね。この場合、しっかり診断がされていれば、協力者を見つけることは比較的容易なのですが、診断がついておらず、利用者さんの家族として付き合ううちに気づいた場合は苦しいですね。私たちには診断はできませんし、治療もできません。だからと言って放置しておけば、利用者さんにとっての最善の支援が滞りかねません。

　まず、私たち自身がこうしたことの相談先をしっかり確保することが重要です。速やかな相談がその家族を救うことにつながるかもしれません。

　それから、チームがバラバラという件ですが、これも多くのケアマネジャーが経験することではないでしょうか。苦しいことほど、早い時点でチーム全体が把握し協力すべき事項として捉えましょう。すでに何度かチームが分断されているのだとすれば、傾向と対策も少しずつ見えてきているはずです。

　家族の精神疾患に関する支援体制を整えていくことと、家族に分断されない、チーム内の共通理解を深めてしなやかなチームを作っていくことが両輪として必要です。

Q4 看取りにおいて、ケアマネとしてできることは少ないと感じ、自分の存在意義を見失うことがあります。

> ## 聴くことが私たちの最大の存在意義です。

第1章

第2章

第3章

第4章
Q
&
A

こんな時、どうする？

第5章

　A できないことばかりが思い浮かんでいませんか？　確かに私た
ちにできることは形にしがたく、さらに評価しがたいという特
性があります。でも、第3章でも述べた通り、私たちだからできるこ
とがたくさんあることに気づいてほしいと思います。ヘルパーや看
護師のように直接その人が必要としているケアに携わることはでき
ませんが、その代わり、私たちには「聴く」という最大の役割があり
ます。聴くことでわかってくれる存在に近づくことができる、相手か
ら見て、対等な立場でいられる可能性が広がります。聴くことで、長
くそばに居続けることもできるのだと思います。ただそこにいるこ
とはそれだけで、大きな支援となりえることを忘れないようにしま
しょう。

Q5 年の近い利用者さんや家族が苦手です。どうしたら上手くコミュニ
ケーションが図れるようになるのでしょう？

 　まずは、苦手意識の原因を探りましょう。

　A なぜ、自分が苦手と感じるのか？　を考えてみましょう。希望
と現実の開きがそこには必ず存在するはずです。自分と重なる
から苦手な場合、相手が私と重ねてしまうから苦手な場合。どちら
も私一人では解決ができないことですね。そのためにチームがあり、
相談をする仲間がいるのです。1人で悩まず、1人で対応しようと思
わず、分業しましょう。すべてをケアマネジャーが行う必要はなく、
多職種連携で初めて担える役割も多いはずなのです。「苦手」がわか
れば、対処も早くできるはず。早めの役割交代もその1つ。早めに
チームと相談し、協力し合える援助関係を築きましょう。

Q6 難しいことや困難に見舞われると、すぐに苦しくなり辞めてリセットしたくなります。実はこれまでも困難事例を放り出して仕事を辞めてしまうこともありました。

 レジリエンスを高めましょう。

A 仕事を辞めればリセットはできるかもしれませんが、問題の解決にはつながりませんね。困難な状況に直面した時、自分が苦しくなる原因を探り、その苦しさを少しでも和らげるような自分の支えを知り、その支えを強化する術を学ぶことが大切です。

　ここまで苦しくなったら誰々に相談する、こんなことを感じ始めたら休みを取る、興味のある勉強や大好きなヨガをしたり、自然の中に出かけて行ったり、友人と会ったり、などなど自分の支えの強化の仕方は人それぞれです。しっかりと自分の心の声に耳を傾けながら、レジリエンス＝弾力性、折れない心を育てていきましょう。

Q7 反復はオウム返しと同じことではないのでしょうか？

 いいえ。反復はオウム返しではありません。

A 援助的コミュニケーションのゴールは、相手から見て私たちが「わかってくれる人」に近づくことです。ですから、ただ相手の話を返すだけではなく、相手から安心感のある態度が大切になります。具体的には、適度なアイコンタクトで相手を気づかいながら、うなづき、穏やかな表情を大切にしながら対応したいと思います。オウムは決してうなずいたり、穏やかな表情でアイコンタクトをしたりすることはありません。つまり、オウム返しではなく、相手から見て安心感のある態度で話を聴くことが反復であり、決してオウム返しと同じではないのです。

Q8

私自身の死生観をどう育てればいいでしょうか？

 私たちの現場には、死生観を学ぶ機会があります。

A 死生観とは、死ぬことと生きることを考えることです。私たちは仕事を通して、さまざまな生と死の場面に遭遇します。これまで介護を必要としなかった人が、さまざまな理由で誰かの助けが必要となり、さらには、これまでできていたことが1つひとつできなくなっていき、いずれは人生の終焉を迎えます。こうした人生の営みに寄り添い、それぞれの方の持つ死生観を学ばせていただく機会がたくさんあるのです。死を前にして、人は何に価値を見出すのか、それは人によって異なるでしょう。私たちはそうしたさまざまな死生観に触れる中で自分自身の生き方や死に方を真剣に考えていけるのです。私たちの現場に当然のようにあるリアルな死生観を学ぶ機会に感謝して、死生観を育んでいきましょう。

Q9

死を受け止められず怒る家族、理解が進まない家族にどう接したら良いか？

**まずは相手の世界観を認めた上で、
そのように考える理由を丁寧に聴きましょう。**

A 死を受け止められず怒る家族や、病状の理解が進まない家族は、サイコオンコロジー（精神腫瘍学）では「否認」と言われ、心の安定のために起きる防衛反応の1つと考えます。ですから、病状を認めたくないほど、その人とのつながりを大切に思っていることを、まずは認めるところから始めないと話が進みません。その上で、病状を認めようとしない家族が、穏やかになれる条件を探ります。すると、例えば、その家族の場合、ただ病状を伝えるだけではなく、生きていてほしいと思う思いを応援したほうが穏やかになれる可能性

が見えてきたりします。その思いを共有し、信頼関係を構築したうえで、避けることのできないさまざまな負の出来事とどのように向き合って行くかが課題となります。

Q10 看取りの際、主治医がケアマネジャーに望むことは？

看取りの経過は1人ひとり異なります。
本人と家族が穏やかに過ごせるための最善を、
待たずに速やかに対応できることが求められます。

A　看取りに至る経過は、千差万別です。極めて早い経過をたどる人もいれば、ゆっくりと年単位で経過した後に看取りとなる人もいます。いずれにせよ、地域で看取りが行われるためには、医療チームだけでは対応が困難です。看取りに近くなると、共通して食事の量が少なくなり、横になる時間が増え、そして、歩くことができる距離が短くなります。老衰のように経過がゆっくりであれば、備える時間がありますが、がんの場合には、治療が困難になってからの経過が早いことがあります。そのような時に、待たずに速やかに対応できるケアマネジャーがいると心強いです。そして、トイレの移動が困難になる中で、下の世話をゆだねても良いと思える信頼関係を構築しながら、保清の維持ができるチームを地域で構築してもらえると主治医としてはありがたいと思います。

Q11 病名が家族の都合で告知されていない場合の本人の苦しみについての理解と対応についてどうすればいいでしょうか？

本人が明晰な判断ができる時には、
本人の尊厳が守られるような配慮が必要です。

A　病名が告知されていない場合の対応は、大きく2つに分けます。1つは本人が認知症などで、明晰な判断が困難な場合には、あ

第1章

第2章

第3章

第4章
Q&A こんな時、どうする？

第5章

えて細かな病状を伝える必要は少ないと判断します。徐々に食事量が減ってきたり、歩ける距離が減ってきたとしても、「年齢に伴う変化ですね、体の声に従っていくほうが、体も気持ちも穏やかに過ごすことができますよ」と声をかけていくといいでしょう。

　一方、ある程度明晰な判断ができるにもかかわらず病名や病状が告知されていない場合には、対応が難しいことがあります。本人と不誠実にかかわることになるからです。病名告知は、家庭の判断とはいえ、本人の尊厳を守ることを考える時、適切な判断ができない状況でさまざまな介護サービスを決めることは難しいこともあります。どんな環境や条件があると本人と家族が穏やかに過ごせるのか？　といった視点で、チームとしての共通のゴールを意識しながら、家族にもチームに加わっていただき、誠実に本人と向き合うことで穏やかなこれからを過ごせる可能性を探っていきましょう。

MEMO

----

2 エンドオブライフ・ケア について

Q1 人生の最期のかかわりに際して、どこまでやれば良いか悩んでいます。同僚にはいつも、それはケアマネジャーの業務ではない、やりすぎだと言われますが、やらないと後悔しそうで……。

 多職種にも相談してみましょう。

A 誰にも迷惑がかからないのであれば、そして、それを本人・家族が望み、あなたが苦としないのであれば、結構です……と言いたいところですが、よく考えてみてください。

それは、あなた以外のケアマネジャーでも同様にやれることでしょうか。そして、その内容は制度に即して考えたらどうでしょうか。あなた以外にやれないような内容であれば、あなたがいなくなった時、困るのはその利用者さんです。あなたは一生その人の担当でいられるでしょうか。あなたがいなくなっても利用者さんが困らない体制を作るのが、本来の私たちの役割です。その場だけの手当をすることは簡単かもしれませんが、課題解決には至りません。協力者を増やし、より広範な多職種に投げかけ、共に話を聴く中で考えていけば、そのチーム内でのやりすぎややらなさすぎを防げるのではないでしょうか。

ケアマネジャーの業務範囲がどこまでなのか、悩ましい事例はたくさんあると思いますが、常に1人で考えるのではなく、相談をしながら共に行うこと、利用者が困らない長続きする体制作りを目指すこと、そうした姿勢が大切なのだと思います。

第1章

第2章

第3章

第4章

Q
&
A

こんな時、どうする？

第5章

Q2

高齢になっても安心して暮らし続けられる地域作りが重要なことはわかっているし、積極的に取り組んでいきたいけれど、実際どうしたら良いのでしょうか。

> 制度の領域を出て、地域をフィールドに
> 考えてみましょう。

A 地域に既存のサービスがない時、また機能不全を起こしているサービスや事業があったり、これまでにない新しいもの（サービス・機能）を作り出すためには、行政への働きかけとその理解・協力が得られなければ実現は難しいでしょう。こうした社会資源の発掘・開発というような機能は主任ケアマネジャークラスに期待される能力の1つですが、現実的には、まだまだ発展途上であるというのが現状ではないでしょうか。

　ここで最も意識していただきたいのは、私たちは介護保険制度における専門職ですが、利用者と利用者を支える生活は「介護保険の中だけにとどまっていてはいけない」ということです。私たちのフィールドは地域です。利用者さんが暮らす地域に関連する諸制度や各種機能の窓口と共に地域を作る機能を持ち合わせた現場の重要なメンバーであることを私たちケアマネジャー自身が忘れてはいけないのだと思います。そうした意識で見渡せば、地域で活躍するプレイヤーは多岐にわたって存在しています。そうした力を結集することで、行政や制度に丸投げをして頼るのではなく、行政を動かしながら、自分たちの手で地域を作っていけるような活動を地道にコツコツと続けていきましょう。

Q3 どこからがエンドオブライフ・ケアなんでしょうか？

> ### エンドオブライフ・ケアは、決して治療が 難しくなってから始まるケアではありません。

A エンドオブライフ・ケアのエッセンスは、解決が難しい苦しみに対する援助を含むのだと思います。本当は自分で買い物や掃除をしたいのに、膝や腰を悪くして誰かの助けを必要とする苦しみは、解決できない苦しみを含みます。このような苦しみを抱えたとしても、穏やかに過ごせる援助の可能性を探ることはエンドオブライフ・ケアの大切な援助となります。エンドオブライフ・ケアを学ぶと、余命が限られた利用者さんに限らず、苦しみを抱えた人に対する日常的な私のかかわり方が変わります。

Q4 異なる価値観や役割を持つ職種の足並みを揃えるにはどうすれば良いでしょうか？　かかわる医師が多い場合に、舵取りをどうゆだねていけば良いでしょうか？

> ### チームの目標を明確にし、 援助をわかりやすい共通の言葉にしましょう。

A 地域でのチームメンバーは医療や介護、行政など多岐にわたります。それぞれ異なる価値観や役割があり、足並みが揃いにくいことがあります。特にかかわる医師が多い時には、チームとしての舵取りに困難を要することもあります。

こうした場合、チームとしてのゴールを明確にすると良いでしょう。病気の適切な診断と治療という管理の視点ではなく、生活という場において、どんなことがあると本人と家族が穏やかに過ごせるのか？　を大切にしたいと思います。この視点があれば、解決できる問題として、適切な病気の治療だけではなく、また、本人の希望するサービスだけに留まらず、地域のインフォーマルなコミュニ

ティー（お茶飲み仲間との時間や近所の散歩）への参加など、援助の質が共通理解されていくことでしょう。チームとしての目標を明確にした上で、援助をわかりやすい共通の言葉にできると、異なる職種の足並みを揃えることができるでしょう。

第1章

第2章

第3章

第4章
Q&A こんな時、どうする？

第5章

MEMO

----

3 ディグニティセラピーについて

Q1 あまり話をしてくれない人の意欲の引き出し方がわかりません。

> まずは、家の中の物品や思い出、故郷の話から
> 語りを引き出しましょう。

A 寡黙な人やあまり話をしてくれない人など意欲があるのかどうかわからない人も多いでしょう。なかなか意欲を引き出すためのきっかけを掴めない場合に「ディグニティーセラピー」の一部を活用するのも有効です。例えば、「お生まれはどちらですか？」とアルバムを見ながら話を聴くなど、具体的に思い描くものがあると自分のことを語りやすいかもしれません。家の中を見渡してみながら、大切にされてきた（いる）もの（尊厳）を探してみてはいかがでしょうか。自分が大切に思うものを同じように大切に思ってくれる人の存在は嬉しいものです。そのような会話から少しずつ信頼関係を育てていくことで、意欲の引き出しも生まれてくるのだと思います。

Q2 いつも私が行くと嫁の悪口や世間話しかされません。看護師さんには色々な困り事を相談されているようで自信を失くします。

> あなたに話してくれる内容だって特別かもしれません。

A 苦しみは誰にでも話せるものではありません。もし、あなたが何かに悩んでいたとして、あなたなら誰にどのような時に相談

第1章

第2章

第3章

第4章
Q
&
A
こんな時、どうする？

第5章

をしますか？　誰にどこで、いつ何を相談するか、それぞれ相談者が選ぶのではないでしょうか。嫁の悪口を聴くことはストレスかもしれませんが、きっと誰にでも話せることではありません。看護師さんには話せないことをあなたに話されている可能性もあります。また、何気ない世間話の中にもよく聴いてみると今の気持ちや状況に重なっていることもあるかもしれません。どんなメッセージを送ってもらっているのか、伝えたい思いはどこにあるのかを考えてみましょう。あなたに苦しみや支えをキャッチする力があれば、同じ話からでも読み取れる内容は深められるのです。話し手の内容は変えられませんが、聞き手の聞き方は変えられるのだと思います。

Q3 ディグニティセラピーを行ったのですが、利用者さんは苦しみも支えもないと答えられました。

その答えこそが苦しみである可能性もあるのです

A　その人の苦しみや支えは色々な形となり、生活の中に散りばめられているものだと思います。実は本人は感じていなかったことが、苦しみ、支えであったと思う時が来るのかもしれません。本人は言語化できなかったけれど、言葉にして伝えてみると、そこに気づきが生まれることもあるかもしれません。

　ディグニティセラピーを行っても最初はなかなかうまくいかないかもしれません。しかし、この手法は援助の可能性を考えるために大変有効だと思います。その人が家庭や社会で果たしてきた役割や人生で一番輝いていた時、大切に思うことや誰かに伝えていきたいことなど、1人でも思い描き振り返ることができ、誰かと一緒にさまざまな形で人生を丁寧に振り返ることもできます。信頼関係ができていることが前提ではありますが、少しずつ、相手の尊厳を見つめてみてはいかがでしょう。私たちが大切に思うそのこと自体が何よりも大切な援助であると言えるのではないでしょうか。

Q4 一度断られたらもう諦めたほうが良いでしょうか？

**信頼関係を構築した上で、本人が穏やかになれるために
必要と判断すれば、再度うかがってよいでしょう。**

A ディグニティセラピーは、本人との信頼関係が重要となります。
本人との信頼関係が構築された上で、病状に合わせた配慮をし
ながら本人が穏やかに過ごせる援助の可能性を探りましょう。一度
断られたとしても、もし、本人が穏やかに過ごせる援助の可能性が
ディグニティセラピーにある場合には、状況を見て、本人に再度お
うかがいしてもよいと思います。

Q5 苦しみや、過去の悲しい思い出に触れてしまった時はどうすればいい
でしょうか？

**信頼関係があれば、悲しい内容でも丁寧に
聴くことで苦しみから支えが見えてきます。**

A 振り返りをしながら話を聴く時に、楽しい話だけではなく、悲し
い話や、醜い話を話したくなる人がいます。ディグニティセラ
ピーとして家族に伝える文章に採用するかは別として、まずは本人
の思いを一通り聴くことは大切です。本人の話したい思いを丁寧に
聴くことで、信頼関係は深まっていくことでしょう。その上で、手紙
にまとめる時には、話された内容の中で、ポジティブな内容を中心
に、苦しみの中から見えてきた支えについてまとめることができれ
ば本人の気づきにもつながるのだと思います。

Q6

認知症の人にもセラピーを行ってもよいでしょうか？

 軽度の認知機能低下であれば
ディグニティセラピーは尊厳を守る効果が
期待できます。

A 認知症の人でも、ある程度、自身の過去における誇りを思い出したり、果たしてきた役割を話したりすることができる人であれば、家族のサポートを得ながらディグニティセラピーを行うことは可能です。しかし、明晰な判断が難しくなるまで認知症が進んでしまうとディグニティセラピーを本人に行うことは難しいかもしれません。それでも、家族と一緒に、本人の人生で大切にされてきたこと、重要と思うことを、さまざまなエピソードを交えて振り返り、推定意思としてディグニティセラピーに近い内容を形にすることは可能であると考えられます。狭義のディグニティセラピーは、本人が自分の言葉で語る内容をまとめて大切な人に渡すことですが、その応用として本人が明晰な判断が難しい状況でも、本人の尊厳を丁寧に見つめ、かかわる人すべてが理解することで本人・家族が尊厳を取り戻し、世代を超えて継承していくことは可能です。

MEMO

----

4 援助的コミュニケーションについて

Q1 男性の利用者さんが苦手です。特に以前、社会で活躍されていたような人の場合、なんだか、女性に対してとても厳しい人が多いように思えて苦手です。どうすれば良いでしょうか。

> 偏見は最大の敵。なぜその人が苦手なのか
> 自分の思いを客観的に見つめましょう。

A 男性全般が苦手で、特に社会的に活躍されてきた人が苦手だと感じるのはなぜでしょうか。そこにはきっと自分の中に理由があるはずです。この仕事をする以上、苦手と思ってしまう自分や自分の癖を克服しないとその度に苦しくなってしまいます。あなたを苦しめる理由は何でしょう？　その理由を見つめ自分の思いを客観的に受け止めるだけで、相手への苦手意識は手放せることが多くあります。

　苦手と思う前にまず自分と向き合ってみましょう。そしてその上で相手の話をよく聴いてみましょう。その人が、何を望んでいて、どんな生活になれば嬉しいのか、どうすればその人の日常がきらきらと輝く生活にできるのか、その人が持つ背景から切り離し、丁寧に聴き取って支援にあたる時、それでもあなたに厳しい態度を取られるでしょうか。

　つまり、まずはこちらがしっかりと責任を果たすことで相手の対応も変わってくるのではないかと思います。それでも続く厳しい態度やあなたの苦手意識が手放せない状況であれば、上司への相談が急務となるでしょう。

　一度、こういう相手はこうすることが多いというような型を自分

第1章

第2章

第3章

第4章

Q&A こんな時、どうする？

第5章

の中に作ってしまうと、そこから抜け出すことは難しくなります。私たちは専門職です。どんな個性際立つ利用者であっても、他人に厳しい人であっても。苦しんでいる人、困っている人をチームでサポートしていくのが私たちの仕事です。そこはプロ意識を持って、1人で抱え込まずにチームに相談し、役割を分けながら時に複数体制を組みケアマネジャーとしての仕事を遂行しましょう。

Q2

私の周囲の年上の部下は特に困った時には素直に相談ができず、またいくら注意をしても報告がなかなかできません。どうすれば変わってくれるでしょうか？

 相手にとって「わかってくれる人」になることから始めてみましょう。

A 困った時に素直に頼れず、いくら注意をしても報告がなかなかできない年上の部下についてですね。これは介護福祉業界特有の構図なのかもしれません。では、あなたは、その部下の「わかってくれる人」になれているでしょうか。

　年齢に関係なく、1人の仲間として、素直に相手にその思い（苦しみ）を聴けていますか？　相手が誰であっても、年上であっても年下であっても。「わかってくれる人」になれる可能性があるのは、「その人の苦しみと支えをキャッチできる人」です。

　このQにあるような、あまり人の意見を聞き入れないタイプの人は、自分の人生（経験）そのものが支えとなっている場合も多く、その「人に頼らない生き方」というスタイルそのものが支えなのかもしれません。そのことを意識してかかわってみてはいかがでしょうか。その人のどんな経験が支えとなっているのかを探る（聴く）のです。その支えを強め、苦しみを取り除いていけるように働きかけ、協力し合い、援助的コミュニケーションを積み重ねていけば、わかってくれる人になれるかもしれません。そうすれば、困った時に頼ってくれて、自然と報告もあがってくることでしょう。

Q3 思っていることを上手く言葉にして伝えることが苦手で、相手との距離が縮まりません。

相手との距離は私一人では決められないもの。

A 思いを言葉にするということは難しい作業です。なぜなら、自分と向き合い、少なからず自分を見つめなければならないからです。また、言葉にして伝えなければ伝わらない思いがたくさんある一方で、言葉にして伝え合ってみると、思っていたよりも大きな違いやズレがあることもありますよね。つまり、言葉にする作業は誰にとっても難しいもの、でも正しい理解や共有を図るにはとても大切なこと。そのことに気づいているあなたは、良き聴き手になれるのではないでしょうか。思いを上手く伝える難しさを知っているからこそ、相手の言葉も敏感にキャッチして、そこから苦しみや支えをキャッチできる可能性が開けるのだと思います。自分が思いを伝えることで築く信頼関係もあれば、良き聴き手として築く信頼関係もあります。100人いれば100通り。距離は一定ではなく、アプローチも1つではありませんね。

Q4 沈黙が苦手で、つい沈黙を遮りたくなってしまって、慌てて何かこちらから話をしたり話をそらしてしまう癖があります。どうしたら苦しくならなくてすみますか？

沈黙は相手が気持ちを整理している時間だと捉えましょう。

A 沈黙が苦手な人は多いと思います。気まずいと感じたり、何か話さないと場がもたないと感じて焦り、一生懸命話そうとするわけですが、そういう時ほど軽い言葉が上滑りして後悔することはありませんか？　ここで覚えておいてほしいのは、相談支援の場に

第1章

第2章

第3章

第4章
Q
&
A
こんな時、どうする?

第5章

おいて沈黙は大切な時間であるということです。たいていの場合、沈黙は相手が気持ちを整理するためにとても大切な時間となっています。苦しい時ほど言葉を絞り出すには時間がかかり、自分の心の中の迷いを整理したり、不安な気持ちをまとめて言葉に変えようとしている時間が必要です。その時間はなくてはならない時間です。沈黙は聴き手にとっては長い時間と感じられるかもしれませんが、話し手にとっては負担にならず、ちょうど良い長さの時間であることが多いため、焦らずにゆっくりと相手が話し出すタイミングを待つことが大切です。

Q5 利用者さんや家族が泣いていると私も悲しくなりますが、悲しくても泣いてはいけないと以前教わりました。支援者はどんなに辛く苦しくても現場では泣いてはいけないのでしょうか?

 相手から見てわかってくれる人になれるのであれば、涙を流しても良いのではないでしょうか。

A 援助的コミュニケーションのゴールは、「苦しんでいる人は、自分の苦しみをわかってくれる人がいると嬉しい」ということです。ですから、現場で迷った時にはこのゴールに戻ります。つまり、どのような対応であれば、相手から見てわかってくれる人になれるのか?　という視点です。もし、話を聴いて聴き手の私が涙を流してしまった時、相手が「私の悲しい思いに対して一緒に泣いてくれて嬉しかった。わかってくれた感じがした」と話されていたならばOKです。一方、「私が泣きたいのに、先に泣かないでよ」と言われたならば、泣かないほうが良いことになります。大切なことは「現場」が先生であるということです。常にどのような聴き手であれば、相手から見てわかってくれる私になれるのかを意識して学び続けていきましょう。

Q6

とりとめのない長い話の反復の仕方は？

> 相手の伝えたいメッセージをつかむこと、
> 「繰り返される言葉」や相手の『感情を表す言葉』を
> 意識して反復することがポイントです。

A 長い話を聴く時のポイントは、「相手の伝えたいメッセージは何か？」です。相手の話が日常での出来事だけであれば、そのすべてを反復する必要はないでしょう。「繰り返される言葉」や「感情を表す言葉」を意識して、どのような思いなのかを短く反復することで、話を進めることができます。しばしば自分の不安を悟られないように、何気ない日常会話だけで自分の話題をそらそうとする人がいます。そのような時には、その時のご自身の気持ちをうかがうとよいでしょう。何かしらご自身の気がかりや思いを知るためのヒントにつながるでしょう。

Q7

「死にたい」などの言葉を聴くことが苦手でつい、話をそらしてしまい、その後、話が続かなくなってしまいます。

> 話をそらさずに、まず受け止める。

A 反復することは承認することではありません。
「死」にまつわる言葉を聴くことは誰しもあまり慣れてはいないことでしょう。とりわけ、苦しみを抱えている利用者から「死にたい」と言われて冷静でいられるほうが難しく、話をそらしてしまう気持ちもよくわかります。でも考えてみてください。どうして、相手はあなたに今その言葉を伝えているのでしょうか。そこには理由があるはずです。それを確かめずに話をそらしてしまっては信頼関係は生まれません。

苦手な気持ちはひとまず置いて、まずは、ゆっくりと反復をして

第 1 章

第 2 章

第 3 章

第 4 章

Q&A　こんな時、どうする？

第 5 章

みてはいかがでしょうか。相手の言葉をゆっくりと受け止めてみる、「死にたい、というお気持ちなのですね」と反復してみることで、苦しい気持ちを受け止めてもらえたという安心感が相手に生まれるはずです。受け止めることは認めることにはなりません。同じ気持ちであるということでもないのです。この苦しい気持ちを共に味わう姿勢でかかわろうとするあなたに「そうなんです」と相手が返してくれた時、あなたは相手にとってわかってくれる人になれる可能性が見えてきます。

Q8 V字回復できないまま終わらなくてはいけない時、どうしたらいいでしょうか？

 相手から見てわかってくれる人として信頼関係を構築できれば良しとします。

A　援助的コミュニケーションでは、毎回、必ずしもV字回復するとは限りません。絶望に思える負の感情が溢れだし、どうにもならないこともあるでしょう。大切なことは、苦しんでいる人は、自分の苦しみをわかってくれる人がいると嬉しいということです。ですから、たとえ気持ちが下がったままであったとしても、ともに苦しみを味わってくれる人として、そこにいることができれば良いと思います。その信頼関係が次の機会に活かされていくと良いですね。

MEMO

第5章

人生の最終段階を
支えるあなたへ

ここまで学んでこられた皆さんは、
人生の最終段階を支えられる仲間の一員です。
現実の看取りの支援においては、苦しいこと、
困難なことがたくさん待っていると思いますが、
皆さんは一人ではありません。
より良い支援に向けて
小澤医師からのメッセージを贈ります。

1 意思決定支援／アドバンス・ケア・プランニングが求められる時代

　超高齢少子化多死時代を迎え、社会保障制度のあり方が問われる時代となりました。このような背景から、意思決定支援、とりわけアドバンス・ケア・プランニング（ACP）の重要性が叫ばれています。意思決定支援が注目される理由として、希望しない救急搬送の現状があります。静かに人生を終えたいと希望しながら、いよいよ食事の量が少なくなり自宅や施設で呼吸状態が変わると、不安な気持ちから家族や施設職員が救急搬送を依頼することがあります。そのため、人工呼吸器の装着や、心臓マッサージなどの治療について、あらかじめ本人・家族とケアにあたる人たちとの間で話し合われておく必要性が叫ばれているのです。

　このように意思決定支援を行っていく現場ではどのような人材が必要になるのでしょう。本章では、このような背景を意識して人生の最終段階を支える皆さんへメッセージを送りたいと思います。

1　どちらを選んでも後悔する倫理的ジレンマ

　意思決定支援の重要性が叫ばれる理由に、希望しない救急搬送を減らすことを紹介しましたが、もう1つの大切なポイントとして、適切な意思決定支援が行われれば、残された家族の後悔が少なくなり、満足度が高くなる援助につながることが挙げられます。

　人生の最終段階では、しばしば命にかかわる選択が待っています。胃

第1章

第2章

第3章

第4章

第5章
人生の最終段階を支えるあなたへ

療造設を行うか否か、人工呼吸器を装着するか否か、自宅で療養するか入院するかなどです。

　1つの例として、誤嚥性肺炎を繰り返してきた90歳になる男性が、再び誤嚥性肺炎と診断されました。このまま自宅でできるだけの肺炎治療を行うのか、入院して治療を行うか、本人は意思の疎通が難しく、娘さんが代理人として決めることになりました。

　入院をすれば、命を長らえることはできるかもしれませんが、せん妄状態になるので、手足を縛られることが想定され、自宅にいれば、せん妄状態にならず、手足を縛られることはないが、余命は短くなるかもしれないとの説明を受けました。

　入院にせよ、自宅にせよ、いずれの選択肢も一長一短で、どちらを選んでも、良くない面が気になってしまい、娘さんは選びかねてしまいました。

　このように、ある問題に対して、2つ以上の選択肢があり、そのどちらを選んでも何らかの不利益があり、態度を決めかねる状態を倫理的ジレンマといいます。命にかかわる人生の大切な意思決定を支援するということは、どのような話し合いをすれば、より後悔が少ない決定をすることができるのかが課題となります。

2　アドバンス・ケア・プランニング（ACP）と推定意思

　後悔がより少なくなる話し合いの方法としてACPがあります。本来は、本人が明晰な判断ができるのであれば、十分な話し合いによって本人が決めることが大切です。しかし、実際の現場では、本人には、判断が難しい場合に遭遇します。ここでは、本人が、明晰に判断できない場合のACPの進め方を、推定意思という方法をもとに紹介したいと思います。

　推定意思とは、大切な人生の選択肢の中から本人が何を選ぶのかを第3者が代わりに考えることです。推定意思を探るためには、本人がこれま

で何を大切に思い、何を重要としてきたのかを丁寧に振り返っていくことが必要です。本人の尊厳を知るために、ディグニティセラピーの質問項目にあるような内容（一番輝いていた時、一番覚えていてほしいこと、果たされた役割、達成したこと、誇りに思うこと、家族に対する希望など）を丁寧に聞き出します。その上で、もし本人であれば、どちらの選択肢を選ぶのか、その背景にある本人のこだわってきた生き方を原点に推定していくのです。

　具体的なＡＣＰの進め方として、1. 本人の推定意思、2.家族の希望、3.医学的な判断の3点を話し合っていくプロセスが大切になります。どの選択肢も、益になる点と害になる点を含みます。医学的な情報を確認した上で、本人の過去における生き方を振り返りながら、本人の推定意思を尊重し、本人にとっての最善の方策を話し合います。この時に、家族の思いも合わせて話し合う必要があります。なぜならば、推定意思とはいえ、推定する家族が最終的な責任を負うからです。どちらを選んでも、後悔が残る可能性があることを念頭に、話の進め方のゴールは、何を選ぶかが大切ではなく、選ばなければいけない人が、その苦しみをわかってくれたと思えるための援助的コミュニケーションが大切となります。苦しんでいる人は、自分の苦しみをわかってくれる人がいると嬉しいということが、人生の大切な選択で悩む家族の援助となるからです。

　1人で悩まず、専門家の言いなりにならず、1回で決めず、みんなで悩みながら決めた選択肢は、どれを選んでも後悔が少なくなります。そのために、意思決定支援にあたる私たちの心得として、援助的コミュニケーションを用いて、話を丁寧に聴き、苦しむ人から見て、わかってくれる人としてかかわることが大切になります。

3　ACPで決めた内容を誰がするのか

　意思決定支援は、大きく3つのパートに分かれます。1番目は、「意思

表明」です。自分がどのようなことを大切に思っているのか、あらかじめ家族に伝えておくことが大切です。一般的にはエンディングノートなどをはじめとした、いわゆる「終活」と言われる準備はその代表的なものです。しかし、縁起でもない話として、あまり自分の意思を表明する機会がありません。そこで、「もしバナゲーム※」という自分が大切に思っていることを、ゲーム感覚で学ぶツールキットなどを活用し、「私はこう思う」というような形で、自分の意思を表明してもらうことが大切です。

　そして、2番目に「意思決定」があります。具体的に、いずれかの選択肢を選ぶことが必要な状況において、自らの意思決定として実際に選ぶことを指します。

　これまで、ACPを学ぶさまざまな研修会が全国で開かれてきました。しかし、そうした研修において一番大切なことが描かれてきませんでした。それが、3番目となる「意思実現」です。つまり、せっかく意思を表明し、意思決定をしてもその内容を実現できなければ絵に描いた餅に終わってしまうことになります。希望する医療、希望するサービス、希望する人生の最終段階の迎え方を、実現できる地域の担い手がいなければ、結局、困った時の救急搬送に頼るだけになってしまうでしょう。

　意思決定支援は大切です。しかし、決めた内容を実現できる担い手として、志を持って、まもなくお迎えが来る人とその家族に誠実にかかわれる人の存在こそが必要になるのです。

※もしものための話し合い「もしバナゲーム™」iACP

2 地域で苦しむ人と誠実に かかわれる担い手が増えるために

1 仲間を増やそう

　超高齢少子化多死時代・人口減少時代を迎え、これから、各地でさまざまな課題が顕在化してきます。特に介護を必要とする高齢者は増え続け、従来の社会保障制度では対応できない地域も多いことでしょう。人生の最終段階を迎えた人が安心して最期まで過ごせる社会の実現のために地域包括ケアシステムの充実が叫ばれてきました。しかし、現実は厳しく、診療報酬や介護報酬など、さまざまな手立てを行ってきたにもかかわらず、看取りにかかわる担い手が増えていかない現状があります。

　どれほど志を持って地域で良いケアが提供できるように努力しても、1人では何もできません。では、どうしたら担い手が増えていくのでしょうか。どうしたら、志のある仲間が増えていくのでしょうか。

　地域で看取りにかかわる担い手が増えていくためには、看取りという極めて病状が進行した人を相手に何をしたら良いか、援助を言葉にして伝えていく必要性があります。

2 仲間を増やすために

① 援助を共通のわかりやすい言葉にして伝えること

　もし皆さんが、地域で困難を抱えた人に、一緒にかかわれる仲間を増

やしたいと思うのであれば、何をしたら良いのか、わかりやすい共通の言葉で伝えていくことが重要となります。その時に、かかわるチームの共通の目標も共有する必要があります。ここでは、顔の表情が穏やかになれることを提案しましょう。一般的ですが、医療と介護の連携において、医療側の専門的な情報が重視され、正確な病状の把握に意識が集中します。確かに、病状についての共通理解は大切なことです。しかし、生活の場である自宅や介護施設において、かかわる人たちが、すべて医療者からの指示を仰ぐようなかかわり方では、何をして良いか自信を持てないことでしょう。

　援助を共通のわかりやすい言葉にして伝えるために、ここでは、「何があると本人と家族が穏やかになれるのか」という目標を共有したいと思います。しかし、医療の専門職だけではなく、かかわるすべての人がわかる言葉で伝えることができなければ、看取りにかかわろうとする仲間は増えていかないことでしょう。具体的に事例を通して考えてみましょう。

Aさん（42歳・女性）、乳がん末期、肝転移、肺転移あり

　Aさんのがんは5年の治療の経過の中で治療抵抗性を持ち、担当医によると、食事量の低下や全身の衰弱から、残された時間は1、2か月と言われました。Aさんは病状を理解した上で、自宅で家族（ご主人、小学校5年生の娘、小学校3年生の息子）と過ごしたいと希望されました。

　では、このAさんの援助を、かかわるすべての人にわかりやすい共通の言葉で伝えることができるでしょうか？

　第2章で紹介した「苦しむ人への援助と5つの課題」をもとに考えれば、極めて簡単です。まずは本人との信頼関係を構築するための援助的コミュニケーションを駆使しながら、本人と家族が穏やかに過ごせる支えを探します。Aさんの場合には次の内容がわかりました。

　Aさんが穏やかに過ごせる支えとして、希望の場所である自宅で過ごせること、痛みや苦痛が少ないこと、傍に家族がいること、希望する形

で保清の維持が保てること、育児を、近くに住む主人の両親や妹夫婦が応援してくれること、大好きな庭を眺められること、自分が人生で大切にしてきたことや重要だと思うことを、子どもたちに知ってもらうこと、死後は天国から主人や子どもたちを見守ることなどです。

意識をすればもっとたくさん挙げることができるでしょう。こうした穏やかに思える支えをかかわるすべての人で共有すること、そして、それを多職種で力を合わせて応援できれば、本人も家族も最期まで穏やかに過ごすことができることでしょう。このような援助を行えるのは、決して一部のエキスパートだけではありません。少しの勇気を持てば、かかわるすべての人が行える援助なのです。

② 真似しやすい（学びやすい）技法であること

仲間が増えていくためには、その援助が真似しにくい難しい技法ではなく、誰もが真似できる（学びやすい）わかりやすい技法である必要があります。

例えば、援助的コミュニケーション1つとっても、その基本は極めて簡単です。苦しんでいる人は、自分の苦しみをわかってくれる人がいると嬉しいという基本に従って考えれば、誰でも現場で学び続けることができる、真似しやすい技法です。

例えば、「相手の話を聴いていて、思わず聴き手である自分が涙を流してしまったが、果たして涙を流しながら話を聴いて良いのか？」という問いに対して、援助的コミュニケーションでは、原則に立ち戻って考え、相手から見て、わかってくれる人になれていれば涙を流しても良いと考えます。つまり、相手が、一緒に涙を流してくれてありがとうと感じているのであればOKです。しかし、相手が、「私が泣きたいのに、先に泣かないでほしい」と思うのであれば、涙は流さないほうが良いことになります。つまり、相手によって答えが変わるのです。その考え方の基本は、苦しんでいる人は、自分の苦しみをわかってくれる人がいると嬉しいと

いうことです。この基準に照らし合わせて考えれば良いので難しいことは何もありません。

　もっと言えば、「現場」が先生です。そのことを心に留めて、援助を共通のわかりやすい言葉にして、それを真似しやすく、学び続けられる技法として、伝えることができるときっと仲間は増えていくことでしょう。

③ 内容が魅力的であること

　これまでは、食べることや体をきれいにすることだけを意識してかかわってきた人にとって、食べられなくなっていく人や、動けなくなっていく人に対する声かけは難しく感じることでしょう。このような人にとって、看取りにかかわることは、極めてハードルの高い援助となります。このハードルを乗り越えるためには、死を前にした人に対してかかわることやその技法自体が魅力的であることが重要です。

　相手の介護度にあったサービスを提供することだけが援助なのではなく、自分が誰からも必要とされていないと苦しんでいる人が、自分を認め、人に優しくなれるようなかかわり方（援助）があることを知ってもらいましょう。苦しむ人は決して医療・介護を必要としている人だけでなく、不登校や引きこもり、貧困など、地域の中にはたくさんの苦しむ人が存在します。医療・介護の枠を超えて、不登校や引きこもりにかかわろうとする人たちや、いじめ予防、自殺対策に取り組む人と協働しながら、地域で活動できたならば、きっと素晴らしいネットワークが作れることでしょう。

　こうした魅力がある働き方につながっていくことも伝えていきましょう。

3 「折れない心」を育てて、困難と向き合い続けること

　人生の最終段階を支える人として仕事を続けるために求められること
は、すべての困難を解決できる万能の力を持つことではありません。た
とえ、力になれなくても誠実にかかわり続けることができる力が求めら
れるのです。

　というのも、私たちの現場では、必ずしもすべての苦しむ人に力にな
れるとは限らないからです。「家族に迷惑をかけたくない」「こんなに苦
しむのであれば、早く死んでしまいたい」「なんでこんな目に遭わなくて
はいけないのか」という訴えを前に、私たちは言葉を失うことがありま
す。力になりたいと思えば思うほど、力になれない時、私たちの苦しみは
より大きくなるでしょう。では、どうしたら良いのでしょうか?

　困難と向き合う糸口は、苦しみから学ぶことにあります。つまり、苦し
む前には気づかなかった大切なことを、力になりたいと願っても力にな
れない苦しみの中から学ぶということです。仕事でうまくいっている時
には、自分に支えがあることに気づきません。何でもうまくやっていけ
ると思うことでしょう。しかし、仕事でつまずいたり、人間関係で苦しん
だりすると、そこで初めて見えてくることやものがあるのです。

　皆さんは、なぜこの仕事に就いたのでしょう。きっと、それぞれこの仕
事に就いたきっかけがあったと思います。そして、資格を取り、現場で実
際に利用者さんにかかわるようになってから、多くの人に出会ったこと
とでしょう。皆さんが、仕事で辛かった時、苦しかった時、支えになった

人がいたはずです。それは、一緒に働く仲間だったり、家族だったりするのでしょう。また、それは、決して目に見える人とは限りません。

目に見えない伴走者も存在します。私たちの傍で、良い時も苦しい時にも、伴走してくれる誰かの存在に普段は気づきません。ところが、あまりにも苦しい時、ふと気づくと、一緒に走ってくれたり、沿道で声援を送ってくれたりする見えない存在に気づくことでしょう。それは、皆さんがこれまで出会い、援助をしてきた利用者さんかもしれません。それは、先に逝った親族かもしれません。あるいは人を超えた存在かもしれません。その誰かとのつながりこそ、私たちが仕事を続けることができる大きな力になっているのです。

力になれるからかかわることができるというのは、実は誰でもできます。たとえ力になれずとも、自分がちっぽけな存在だと感じたとしても、それでも逃げずにかかわっていけることが、真の援助職だと思います。そのために必要なことが折れない心の育成です。

これからの時代、地域で苦しむ人と誠実にかかわれる担い手が必要です。皆さんが、それぞれの地域で苦しむ人の光となれるように活動してください。そして、誠実にかかわれる仲間を増やし、どこに住んでいても、どんな病気であったとしても、安心して人生の最期まで過ごせる社会に近づきますように、私も力を尽くしていきたいと思います。一緒に頑張りましょう。

おわりに

　私は、この執筆の機会をいただいて、自分自身を見つめ直すきっかけをいただいたように感じています。「人が人を支えるということ」、それはとても難しいことですね。当たり前かもしれませんが、人の数だけ人生があり、苦しみも支えも千差万別。機械やAIではなく、血の通った人間だからこそできる大切なこと（援助）があるのだとしたら、その人そのものを見つめ「尊厳」や「価値」を心から尊重し、その人の「願い」や「希望」をさまざまな形で日々の暮らしの中に「実現」していくことなのだということに気づきました。

　ケアマネジャーにとって大切なことは「聴く」こと、そして聴いたことをしっかりと「伝える」こと、そしてその先にあるその人の人生（生活）における「実現」ではないかと思うのです。

　「人生は旅である」と例える人がいますが、真の援助者への道も旅のようだと思います。それは、まさに終わりなき旅ではないでしょうか。

　近道をしながら、なだらかな道を選び、行先にただたどり着くだけの旅も良いのですが、時には山や谷、いばらの道を乗り越え、回り道や寄り道をしながら目的地を目指す旅のほうが実り多き豊かな旅だともいえるのではないでしょうか。時に孤独を感じることもあるでしょう、笑顔も泣き顔も人生の大切な1ページ。苦楽を共にする中でたくさんの人との出会いと別れを繰り返し、泣き笑いしながら思い出を重ねていく、私はそんな旅をこれからも仲間と共に続けていきたいと思っています。

「たった一度の出会いや誰かの一言が人生を変えることがある」

小澤竹俊先生との出会いをはじめ、たくさんの方々との出会いがこの言葉を体現しています。誰かとの出会いは私の支えとなり、対話を通じて新たな気づきを得ながら、私として、支援者として、自分を愛しみ、ありのままを認めることができるようになり、今もケアマネジャーを続けることができています。

ELC東京代表・千葉がんセンターの坂下美彦先生、ELC東京と全国ELCの仲間たち、エンドオブライフ・ケア協会の事務局長/理事である千田恵子さん、敬愛する白木裕子先生と認定ケアマネジャーの同志、"支援とは何か"、臨床における礎となる学びをくださった恩師である高橋学先生、國光登志子先生、ケアマネジャーの母のような存在である岡島潤子さん、いつも傍で支えてくれる家族と同僚の宮崎智子さんの存在は、私の大切な宝物です。そして、いつも折れそうになる心を傍で支えてくださる小澤竹俊先生、本書の完成まで叱咤激励しながら応援を続けてくださった中央法規出版の担当編集者、中村強さんと最後まで温かく見守ってくださった中央法規出版の皆さまに心より感謝いたします。ありがとうございました。

何気ない日々の暮らしの積み重ねが人生を創り、1人ひとりのつながりが大きな力となって、豊かな地域を創ると信じています。本書が皆さまと皆さまが支える誰かの笑顔へとつながりますように、心からの願いを込めて。

2019（令和元）年11月吉日

相田里香

執筆者紹介

小澤竹俊（おざわ・たけとし）

めぐみ在宅クリニック院長

1987年東京慈恵会医科大学医学部医学科卒業。1991年山形大学大学院医学研究科医学専攻博士課程修了。救命救急センター、農村医療に従事した後、1994年より横浜甦生病院内科・ホスピス勤務。2006年にめぐみ在宅クリニックを開院。「ホスピスで学んだことを伝えたい」との思いから、2000年より学校を中心に「いのちの授業」を展開。一般向けの講演も数多く行う。2015年、有志と共にエンドオブライフ・ケア協会を設立、2019年代表理事に就任。同年より折れない心を育てるいのちの授業プロジェクトを開始し、医療、介護の枠を超えて多死時代に向けた人材育成を行っている。

著書に『今日が人生最後の日だと思って生きなさい』（アスコム）、『小澤竹俊の緩和ケア読本－苦しむ人と向き合うすべての人へ』『苦しむ患者さんから逃げない！ 医療者のための実践スピリチュアルケア』（日本医事新報社）『死を前にした人に あなたは何ができますか？』（医学書院）、『折れない心を育てるいのちの授業』（角川書店）など。

相田里香（あいだ・りか）

介護サービス青い鳥代表・主任介護支援専門員・看護師

介護保険制度施行前より在宅療養の場で活動し、制度施行後より介護支援専門員として従事。居宅介護支援事業所管理者・主任介護支援専門員を経て、2017年1月、「認知症になっても、病気や障がいがあっても、高齢になっても、暮らし慣れた地域で誰もが人生の最終段階までを自分らしく安心して過ごせるように」と願いを込めて地域共生型事業所を目指し、 介護サービス「青い鳥」を設立。「援助を言葉にできる時、自信を持って人生の最終段階の人とかかわることができる」。自分自身が心を強くしたその学びや自らの支えを知ることの大切さなどを、医療・介護にかかわる多くの人に伝えたい、そして、志を共にする仲間の輪を広げたいという思いを抱いて、2017年より一般社団法人エンドオブライフ・ケア協会の認定援助士、同ファシリテーター、ELC東京事務局として活動を開始。他方、特定非営利活動法人東京都介護支援専門員研究協議会副理事長、一般社団法人日本ケアマネジメント学会理事、一般社団法人東京ケアマネジャー実践塾理事、杉並区ケアマネ協議会会長として幅広い活動を行っている。

死を前にした人に向き合う心を育てる本

ケアマネジャー・福祉職・すべての援助者に届けたい
視点と看取りケア

2019年12月30日　発　行

著　　　者	小澤竹俊・相田里香
マ ン ガ	たちばないさぎ
発 行 者	荘村明彦
発 行 所	中央法規出版株式会社

〒110-0016
東京都台東区台東3-29-1 中央法規ビル

営業　　　　TEL 03-3834-5817　FAX 03-3837-8037
書店窓口　　TEL 03-3834-5815　FAX 03-3837-8035
編集　　　　TEL 03-3834-5812　FAX 03-3837-8032
https://www.chuohoki.co.jp/

印刷・製本	新津印刷株式会社
造本装幀	Boogie Design

ISBN 978-4-8058-5988-9